Manuel Seibel

Biblische Gemeinde
– heute verwirklichen

Manuel Seibel

Biblische Gemeinde
– heute verwirklichen

Christliche Schriftenverbreitung
Postfach 10 01 53, 42490 Hückeswagen

Die Bibelstellen sind nach der im gleichen Verlag erschienenen „Elberfelder Übersetzung" (Edition CSV Hückeswagen) angeführt.

2. Auflage 2017

© by Christliche Schriftenverbreitung, Hückeswagen, 2011
Umschlaggestaltung: www.wephdesign.de
Satz und Layout: Christliche Schriftenverbreitung
Druck: CPI - Ebner & Spiegel, Ulm
ISBN: 978-3-89287-408-9

www.csv-verlag.de

Inhalt

I. Einleitung

„Christus hat die Versammlung (Gemeinde, Kirche) geliebt und sich selbst für sie hingegeben" (Epheser 5,25).

Es gibt viele Gemeinden, Kirchen und Versammlungen. „Ist diese Vielfalt gut?", so fragen sich manche Christen. „Zu welcher dieser christlichen Glaubensrichtungen sollte ich mich am besten wenden?", ist für viele eine zweite Frage. Oder anders ausgedrückt: Wie soll sich jemand, der eine bibelorientierte Gemeinde sucht, heute noch zurechtfinden?

Ich möchte versuchen, auf diese Fragen fundierte Antworten aus Gottes Wort zu geben. Es ist mein Wunsch, dass dieses Buch dazu beiträgt, Gottes Gedanken über seine Gemeinde besser verstehen zu lernen. Denn jeder aufrichtige Christ sollte in der Lage sein, anhand der Bibel die Praxis seines Gemeindelebens zu beurteilen und zu gestalten. Wichtig ist zudem, dass wir mit allen unseren Fragen – auch zum Thema „Biblische Gemeinde!" – ins Gebet gehen und Gott bitten,

a) uns anhand seines Wortes eine klare Vorstellung von diesem wunderbaren Thema zu geben.

b) uns zu zeigen, wie wir seine Gedanken in konkreten Lebensumständen anwenden können.

Gott will uns zur Hilfe kommen! Niemals verunsichert Er die Seinen, im Gegenteil: Er will uns „vollkommen machen, befestigen, kräftigen, gründen (1. Petrus 5,10).

Natürlich kann ich in diesem Buch nicht jede Detailfrage zum Thema „Gemeinde" beantworten. Das ist auch nicht meine Absicht. Mir ist wichtig, eine Reihe von Kernaussagen zu beleuchten und die größeren Zusammenhänge aufzuzeigen. Wer sich weiter in diesen Themenkomplex einarbeiten möchte, was empfehlenswert ist, dem gebe ich am Ende des Buches ein paar Hinweise zu guten Büchern bzw. Seiten im Internet, die nützliche Ausarbeitungen anbieten.

Wie ist dieses Buch gegliedert?

Bevor wir weiter in dieses wichtige Thema „Gemeinde" einsteigen, nenne ich kurz die Vorgehensweise in diesem Buch. Zuerst geht es um den Begriff „Gemeinde". Danach versuche ich, einige grundlegende Aspekte der biblischen Wahrheit über die Gemeinde vorzustellen. Diese sind Voraussetzung dafür, die göttlichen Gedanken über seine Gemeinde richtig zu verstehen. Zu diesem Themenbereich gehören im dritten Teil auch die verschiedenen Blickwinkel auf die Gemeinde: Das sind die bildhaften Ausdrücke, die wir im Neuen Testament für die Gemeinde finden.

In den Kapiteln 4 bis 6 behandle ich

1. den Dienst und die Ämter in der Gemeinde,

2. das Zusammenkommen von Christen sowie

3. einige praktische Punkte im Blick auf die Verwirklichung dessen, was wir in der Heiligen Schrift über die örtliche und weltweite Versammlung lernen.

Dieser Teil wird mit einigen Fragenbeantwortungen abgeschlossen.

Es liegt uns nahe, uns sofort den praktischen Aspekten dieses Themas zuzuwenden, weil sie eine besondere aktuelle Relevanz besitzen. Aber kann man in der *Praxis* die Gedanken Gottes verwirklichen, ohne sich vorher mit der *Lehre* zu befassen? Daher bitte ich jeden Leser, mit dem ersten Teil dieses Buches zu beginnen. In aller Kürze bietet er die notwendige Grundlage für das Verständnis des zweiten Teils über das praktische Gemeindeleben.

Ziel des Buches

Es ist mir wichtig, das Thema „Gemeinde" so leicht verständlich wie möglich darzustellen. Wer schon öfter zu diesem Thema etwas gehört oder gelesen hat, wird manches Bekannte wiederfinden. Das ist nicht tragisch.

Wir lesen von Petrus, dass er dafür Sorge trug, die Empfänger seines Briefes an Dinge zu erinnern, die sie schon kannten (vgl. 2. Petrus 1,12-15). Auch für uns ist es gut, sich wieder zu erinnern. Mit einer solchen Erinnerung ist oft verbunden, dass man auf neue Aspekte stößt, über die es sich lohnt, nachzudenken.

Manche Leser beschäftigen sich vielleicht das erste Mal mit diesem Thema. Gerade ihnen ist dieses Buch gewidmet. Die biblische Wahrheit über die *eine* Gemeinde Gottes kennenzulernen, ist ein großer Gewinn. Vielleicht denken Sie[1] jetzt an „Ihre" Gemeinde, „Ihre" Kirche. Es wäre nützlich, diesen Gedanken etwas zurückzustellen, um zuerst unvoreingenommen zur Kenntnis zu nehmen, was das Neue Testament unter Gemeinde versteht, nämlich *alle gläubigen Christen* (universell, weltweit oder örtlich). Als das Neue Testament geschrieben wurde, gab es noch keine unterschiedlichen Gruppierungen von Christen. Doch auch heute ist es noch wahr, dass alle Erlösten die *eine* Gemeinde bilden. Diese Gemeinde ist dem Herrn Jesus so viel wert gewesen, dass Er sein Leben für diese Gemeinde hingab. Er ist für sie am Kreuz gestorben (vgl. Epheser 5,25). Daher lohnt sich die Beschäftigung mit dieser Gemeinde. Auch die Frage, wie man heute noch in Übereinstimmung mit den biblischen Gedanken über die Gemeinde leben

---

[1] Am liebsten würde ich in diesem Buch jeden duzen. Da es jedoch viele Leser gibt, die das zumindest ungewöhnlich finden, habe ich mich entschieden, die „Sie-Form" zu wählen. Ich bitte gerade jüngere Leser, mir diese Höflichkeitsform nachzusehen und für sich selbst einfach ein „du" einzusetzen.

kann, ist keineswegs nebensächlich. Das wird hoffentlich im Lauf der Betrachtung deutlich.

Kontakt

Womöglich bleibt nach der Lektüre des Buches noch eine Reihe von Fragen offen. In diesem Fall wenden Sie sich bitte an jemanden, zu dem Sie ein Vertrauensverhältnis haben und der auf Ihre Fragen eingehen kann. Vielleicht kann die Person weiterhelfen, die Ihnen dieses Buch überreicht hat.

Auch der herausgebende Verlag wird Ihnen gerne Ansprechpartner in Ihrem Umkreis nennen. Es ist gut, biblische Antworten auf Fragen zu erhalten, die uns beschäftigen.

II. Was sagt die Bibel über die Gemeinde?

1. Gemeinde, Kirche, Versammlung – wie drückt man sich richtig aus?

„Den Versammlungen (Gemeinden) von Galatien: Gnade euch und Friede von Gott, dem Vater, und unserem Herrn Jesus Christus, der sich selbst für unsere Sünden gegeben hat, damit er uns herausnehme aus der gegenwärtigen bösen Welt" (Galater 1,2-4).

Bevor wir uns ein paar Einzelheiten anschauen, will ich etwas über den Begriff „Gemeinde" sagen. Bestimmt haben Sie schon mindestens diese drei Titel für „Gemeinde" gehört:

- Gemeinde
- Kirche
- Versammlung.

Manche kennen auch noch den Ausdruck „Ekklesia". Warum diese Auswahl? Muss man sich für einen bestimmten Ausdruck entscheiden?

Das Neue Testament ist in griechischer Sprache verfasst worden. Dort steht immer dann, wenn in deutschen Übersetzungen „Gemeinde", „Kirche" oder „Versammlung" steht, das Wort „ekklesia". Diesen Ausdruck kann man wörtlich übersetzen mit „Herausrufung" oder „Herausgerufene". Allerdings besaß er diese Bedeutung in neutestamentlicher Zeit nicht mehr. „Ekklesia" wurde vielmehr für

- eine einberufene Versammlung (Apostelgeschichte 19,39),

- eine Menschenansammlung (Apostelgeschichte 19,32.40) und

- die Volksgemeinde Israels (Apostelgeschichte 7,38; Hebräer 2,12) verwendet.

Meistens allerdings wird mit „ekklesia" im Neuen Testament die Gesamtheit aller Kinder Gottes bezeichnet, sei es

- in einem Haus,
- an einem Ort,
- weltweit oder
- in ihrer Vollendung (alle Kinder Gottes aller Zeiten).

In 1. Korinther 14,19 und in anderen Stellen werden auch die Zusammenkünfte der „ekklesia" so genannt.

Noch immer habe ich den Eindruck, dass die Bedeutung von „ekklesia" am besten und neutralsten durch den Begriff „Versammlung" fassbar wird. Gott versammelt Kinder Gottes, Er hat sie zu einem wunderbaren Organismus zusammengefügt – zur Versammlung Gottes.

Kirche

Das Wort „Kirche" ist ein Lehnwort[2], eine Verdeutschung des griechischen Wortes „kyriaké", das „dem Herrn gehörend" bedeutet. Dieser Ausdruck wurde im frühchristlichen Sprachgebrauch „Herrentag" genannt und auf den „Sonntag" bezogen. An diesem Tag versammelte sich die örtliche Gemeinde (vgl. zum Beispiel Apostelgeschichte 20,7). Daher wurde „Kirche" zu einem Ausdruck für die örtliche Gemeinde.

Es gilt allerdings zu bedenken, dass das Neue Testament gerade nicht davon spricht, dass Jesus Christus „*Herr* der Versammlung" ist. Er ist zwar Herr jedes einzelnen Gläubigen, steht aber zu der Gemeinde nicht in einem Herrschaftsverhältnis. Zweifellos hat Er Autorität in der Versammlung. Aber Er wird nicht ihr Herr genannt.

Gemeinde

Der dritte Ausdruck, „Gemeinde", hebt den Aspekt der Gemeinschaft hervor. Gläubige Menschen haben vieles gemeinsam: ewiges Leben, ihren Herrn und Retter, den himmlischen Vater, sie gehören zur selben Familie Gottes usw. Daher pflegen sie miteinander Gemeinschaft. Sie haben gemeinsame Interessen oder zeichnen sich

---

2 Ein Lehnwort ist das Ergebnis einer sprachlichen Entlehnung. Ein Wort wird aus einer fremden Sprache übernommen. In Aussprache, Schreibweise und Beugung (Flexion) wird es dabei der übernehmenden Sprache angepasst.

dadurch aus, dass sie eine vereinte Anhängerschaft bilden. Sie sind Jünger und Diener des Herrn Jesus.

Das Zusammenkommen der Gläubigen kann man mit „Gemeinde" nicht ausdrücken. Auch lässt Gemeinde stärker an eine Organisation (allein schon im politischen Sinn) und weniger an einen lebendigen Organismus denken.

Schlussfolgerung

Vor diesem Hintergrund verwende ich die Bezeichnung „Versammlung" besonders gerne. Dennoch hat sich unter vielen Christen der Begriff „Gemeinde" durchgesetzt. Zudem denken manche bei „Versammlung" an eine Bezeichnung für Christen mit einer bestimmten Glaubensüberzeugung. Das führt in die Irre. Deshalb schrieb schon Rudolf Brockhaus, der Ende des 19. und am Anfang des 20. Jahrhunderts vertrauenswürdige und bewährte Erklärungen zu Gottes Wort geschrieben hat: „Hätten die Übersetzer ahnen können, zu welch falschen Auslegungen und welchen Unterstellungen die Wahl jenes Ausdrucks [Versammlung] im Laufe der Jahre führen würde, möchten sie vielleicht, trotz ihrer Bedenken, die Übersetzung ‚Gemeinde' gelassen haben."

In diesem Buch benutze ich alle drei genannten Begriffe: Versammlung, Gemeinde, Kirche. Damit möchte ich verdeutlichen, dass es nicht um eine Gruppe von Christen geht, nicht um eine bestimmte „Gemeinde", die etwa Versammlung oder ähnlich hieße. Nein, es geht um die biblische Versammlung Gottes, um nicht mehr, aber auch um nicht weniger.

Es ist ohnehin nicht in erster Linie von Bedeutung, *wie* wir die biblische Versammlung *nennen*, sondern dass wir darunter das Richtige verstehen, nämlich was die Bibel darüber sagt. Darauf liegt der Schwerpunkt dieser Ausführungen. Zudem sollten wir nicht meinen, dass jeder beim Verwenden des Wortes „Versammlung" das ganze Bedeutungsspektrum von „ekklesia" vor Augen hat. Wir verwenden in unserer Sprache viele Vokabeln, die keine in ihnen wohnende Bedeutung verkörpern.

Auf keinen Fall sollte man einen der genannten Begriffe als Bezeichnung für eine besondere Gruppe von Christen verwenden. Das wäre sektiererisch, weil man sich damit von anderen Gläubigen abgrenzen würde. Im Neuen Testament finden wir die Gemeinde als Ausdruck aller Erlösten verwendet. So wollen wir es auch in diesem Buch und als persönliche Überzeugung halten.

2. Wem gehört die Gemeinde?

„Die Versammlung Gottes ..., die er sich erworben hat durch das Blut seines Eigenen" (Apostelgeschichte 20,28).

Es stellt sich zunächst die Frage, wem die Gemeinde eigentlich gehört. Ich habe schon den Titel „Gemeinde

Gottes" verwendet. Hier möchte ich begründen, warum dieser Ausdruck richtig ist.

Die Bibel kennt zwei Eigentümer der Gemeinde. Allerdings sind das nicht zwei Personen, die unabhängig voneinander sind. Sie gehören zusammen:

1. Der Herr Jesus sagte einmal zu Petrus: „Und auf diesen Felsen werde *ich meine Versammlung* bauen" (Matthäus 16,18). Er selbst ist derjenige, der baut. Er spricht davon, „seine" Gemeinde zu bilden. Sie gehört Ihm.

2. Der Apostel Paulus sagte einmal zu den Ältesten aus Ephesus: „Die *Versammlung Gottes* ..., die er sich erworben hat durch das Blut seines Eigenen" (Apostelgeschichte 20,28). In dieser Stelle lesen wir vom ewigen Gott. Es ist (auch) *seine* Gemeinde. Er hat sie sich erworben, und zwar durch das Werk des Herrn Jesus. Das heißt, Er hat dafür einen einzigartigen Preis bezahlt: das Leben seines eigenen Sohnes. So wichtig ist Gott diese Gemeinde. Sie gehört Ihm.

Zwischen den Personen der Gottheit gibt es keine Eifersucht, keinen Neid. So kann Gott von „seiner" Gemeinde sprechen, genauso wie der Herr Jesus das tut. Beide sind Personen der Gottheit und Eigentümer der Versammlung.

3. Wer gehört zur Gemeinde?

„Paulus ... der Versammlung Gottes, die in Korinth ist, den Geheiligten in Christus Jesus, den berufenen Heiligen" (1. Korinther 1,2).

Die Gemeinde Gottes ist keine Organisation und auch kein Gebäude. So mag man landläufig den Begriff „Kirche" verwenden. In Gottes Augen aber ist die Versammlung ein lebendiger *Organismus*, der aus unterschiedlichsten Menschen besteht. Paulus schreibt an die Versammlung Gottes in Korinth – und er meint damit Personen in dieser Stadt, die „geheiligt" und berufene Heilige sind. Das sind nicht Menschen, die nach ihrem Tod heiliggesprochen werden sollen. Es handelt sich um Menschen, die Gott für sich selbst zur Seite gestellt hat, damit sie zu Ihm gehören und Ihm dienen. Sie sind Heilige, weil Gott ihnen seine eigene heilige Natur geschenkt hat und sie so für sich abgesondert hat.

Wie ist so etwas möglich? Gott hat denen, die an den Herrn Jesus glauben, ewiges Leben gegeben. „So viele ihn [den Herrn Jesus] aufnahmen, denen gab er das Recht, Kinder Gottes zu werden, denen, die an seinen Namen glauben, die ... aus Gott geboren sind" (Johannes 1,12.13). „Denn so hat Gott die Welt geliebt, dass er seinen eingeborenen Sohn gab, damit jeder, der an ihn glaubt, nicht verloren gehe, sondern ewiges Leben habe" (Johannes 3,16).

Wer gehört zu der Gemeinde Gottes? Jeder, der Jesus Christus als Retter angenommen hat, der stellvertretend für ihn gestorben ist. Dazu gehört eine echte Sinnesänderung (Buße) und das Bekenntnis der eigenen (noch bewussten) Sünden. In Verbindung mit dem persönlichen Glauben ist eine solche Person mit dem Heiligen Geist versiegelt worden (Epheser 1,13). Der Glaube an Jesus Christus und sein Erlösungswerk retten, nicht die Zugehörigkeit zu einer bestimmten christlichen Gruppierung oder Organisation. Allein der Glaube bringt uns in Verbindung mit Gott. Und Gott macht den Glaubenden zu einem Glied (nicht Mitglied) seiner Gemeinde.

4. Seit wann gibt es die Gemeinde?

„Und als der Tag der Pfingsten erfüllt wurde, waren sie alle an einem Ort beisammen. Und plötzlich kam aus dem Himmel ein Brausen, wie von einem daherfahrenden, gewaltigen Wind, und erfüllte das ganze Haus, wo sie saßen. Und es erschienen ihnen zerteilte Zungen wie von Feuer, und sie setzten sich auf jeden Einzelnen von ihnen. Und sie wurden alle mit Heiligem Geist erfüllt" (Apostelgeschichte 2,1-3).

Als Jesus Christus hier auf der Erde lebte, gab es die Gemeinde noch nicht. Zwar hat Er von ihr gesprochen, aber in der Zukunftsform: „Auf diesen Felsen werde ich meine Versammlung bauen" (Matthäus 16,18).
Der Herr nennt in diesem Vers auch das Fundament der Gemeinde: den Felsen. Wer oder was ist das? Jesus

Christus selbst. Denn das Symbol „Fels" wird auf Ihn direkt bezogen (vgl. 1. Korinther 10,4). Dementsprechend lesen wir in 1. Korinther 3,11 über die Gemeinde: „Einen anderen Grund kann niemand legen, außer dem, der gelegt ist, welcher ist Jesus Christus."

Der christliche Glaube und die Gemeinde Gottes haben eine sichere und unzerstörbare Grundlage: Eine Person, die gestorben und auferstanden ist und jetzt im Himmel absolute Sicherheit garantiert (1. Korinther 15,3.4; Epheser 1,20-23). Diese Person ist „der Sohn des lebendigen Gottes" (Matthäus 16,16). Das heißt, Er ist Gott selbst. Deshalb kann niemand die Versammlung zerstören. Er müsste Gott überwinden können. Das aber ist unmöglich.

Der Tag der Pfingsten

Wenn Jesus Christus davon sprach, dass Er die Gemeinde erst in Zukunft bauen würde – wann war das? Die Antwort gibt uns Apostelgeschichte 2. Auf die Auferstehung und Himmelfahrt Jesu folgte der Tag der Pfingsten. An diesem Datum ist der Heilige Geist auf diese Erde gekommen und die Gemeinde entstanden.

Das Wort „Pfingsten" ist ein Lehnwort (griechisch: „pentekoste") und bedeutet „der 50. Tag". Das jüdische Pfingstfest fand nach 3. Mose 23 fünfzig Tage bzw. sieben Wochen und einen Tag nach dem Sabbat statt, der auf das Passah folgte. Der Herr Jesus Christus starb am Freitag des Passahfestes und ist am ersten Tag der

Woche auferstanden, der auf den Sabbat folgte. Sieben Wochen nach seiner Auferstehung war dann der Pfingsttag, von dem wir in Apostelgeschichte 2 lesen.

An diesem Tag kam Gott, der Heilige Geist, auf die Erde (Apostelgeschichte 2,1-4). Aus 1. Korinther 12,13 lernen wir, was der Heilige Geist an diesem Tag geschaffen hat: die Gemeinde, den Leib Christi. „Denn auch in einem Geist sind wir alle zu einem Leib getauft worden, es seien Juden oder Griechen, es seien Sklaven oder Freie, und sind alle mit einem Geist getränkt worden." Es geht hier nicht um die Wassertaufe. Von Wasser ist überhaupt keine Rede. Der Heilige Geist hat die Gläubigen an diesem Tag durch einen Akt göttlicher Kraft zu einer neuen Einheit, einem neuen Organismus zusammengeführt: zu der Gemeinde. Dadurch stehen die Gläubigen jetzt nicht einfach einzeln nebeneinander. Sie sind durch den Heiligen Geist untrennbar miteinander als Versammlung verbunden. „Wir sind Glieder voneinander" (Epheser 4,25). Damit sind sie zugleich und sogar in erster Linie mit Jesus Christus selbst verbunden worden. Die Versammlung ist sein Leib (Epheser 1,23) und „wir sind Glieder seines Leibes" (Epheser 5,30).

Voraussetzungen für das Entstehen der Gemeinde

Die Entstehung der Gemeinde hing nicht von Menschen ab. Sie ist das Werk Gottes. Wir Erdenbewohner konnten und können zum Fundament dieses neuen

Hauses nichts beisteuern. Das gilt nicht nur für den Beginn, sondern auch das Bestehen der Kirche Gottes auf der Erde. Wir können sie nicht durch eigene Überlegungen und Anstrengungen erhalten, zum Beispiel durch besondere Treue. Die Gemeinde hängt allein von Jesus Christus, von Gott selbst ab. Das nimmt nichts von unserer Verantwortung weg, die wir „die Einheit des Geistes in dem Band des Friedens" bewahren sollen (Epheser 4,3). Aber wenn die Existenz der Versammlung auf der Erde von uns abhinge, würde sie nicht mehr existieren. Weil Gott sie bewahrt, gibt es sie bis heute.

Das Neue Testament nennt uns zwei Voraussetzungen für die Bildung der Gemeinde:

a) *Jesus Christus musste in den Himmel zurückkehren.* Im Johannesevangelium wird gesagt: „Noch war der Geist nicht da, weil Jesus noch nicht verherrlicht worden war" (Kap. 7,39; vgl. Johannes 16,7). Vor der Gründung der Gemeinde war es nötig, dass Jesus Christus in den Himmel auffährt. Der verherrlichte Mensch Jesus Christus im Himmel zur Rechten Gottes ist ihr Haupt (Epheser 1,20-23). Für die Verherrlichung gab es jedoch wiederum eine Voraussetzung: Jesus Christus musste am Kreuz von Golgatha sterben. Dort hat Er Gott, seinen Vater, vollkommen verherrlicht (Johannes 17,1.4.5). Nicht nur das: Er gab sich selbst für die Gemeinde hin (Epheser 5,25) und erlitt Drangsale „für seinen Leib, das ist die Versammlung" (Kolosser 1,24). Sein Blut war der Preis für seine Gemeinde (Apostelgeschichte 20,28). Und auch dafür gab es eine Voraussetzung: Es hätte keine Gemeinde geben können, ohne dass der ewige Gott Mensch wurde (Johannes 1,1.14). Gott sei Dank – Er ist als Mensch auf diese Erde gekommen.

b) *Der Heilige Geist musste auf die Erde kommen.* Jesus hatte verschiedene Male angekündigt, dass der Heilige Geist auf diese Erde kommen würde (Johannes 14,26; 15,26; 16,7.13). Die Gemeinde ist nicht nur mit einem himmlischen, verherrlichten Menschen verbunden, sondern Gott, der Heilige Geist, wohnt in ihr. „Wisst ihr nicht, dass ihr Gottes Tempel seid und der Geist Gottes in euch wohnt?" (1. Korinther 3,16). Es musste also der Heilige Geist auf die Erde kommen, um die Versammlung zu bilden und in ihr zu wohnen.

Gottes ewiger Ratschluss über seine Gemeinde

Die Gemeinde ist am Pfingsttag entstanden, 50 Tage nach dem Tod Christi und 10 Tage nach seiner Himmelfahrt. Das ist die „Geburtsstunde" der Versammlung auf der Erde. Gab es aber vorher noch keinen Gedanken an die Gemeinde?

In Epheser 3 finden wir auf diese Frage eine klare Antwort: Doch! Schon vor dem Schöpfungswerk hatte

Gott den Plan, seine Versammlung zu bilden. Er hatte diesen Beschluss in seinem Herzen „von den Zeitaltern her verborgen", also in der Ewigkeit, bevor irgendetwas erschaffen worden war (Epheser 3,9). Während die Gemeinde auf der Erde also erst am Pfingsttag entstand, gab es sie für Gott in seinen „Plänen" schon immer.

Das ist ein sehr wichtiger Unterschied zum Volk Israel. Zwar war Israel vor der Gemeinde *auf der Erde*. Aber Gottes Pläne der Kirche sind im Gegensatz zum Volk Israel vor Grundlegung der Welt gefasst worden. Das Reich Gottes hier auf der Erde ist „*von* Grundlegung der Welt an" bereitet. „Dann wird der König zu denen zu seiner Rechten sagen: Kommt her, Gesegnete meines Vaters, erbt das Königreich, das euch bereitet ist *von* Grundlegung der Welt an" (Matthäus 25,34). Während die „Entstehung" der Gemeinde also schon *vor* dem Schöpfungsakt feststand, bezieht Gott sein Handeln im Blick auf das Volk Israel auf die Zeit nach der Schaffung dieser Erde. Die Versammlung ist somit ihrem Ursprung nach göttlich und ihrem Wesen nach himmlisch, das Volk Israel und sein Platz im Reich Gottes dagegen zeitlich und irdisch.

Damit beantwortet sich auch die Frage, bis wann die Gemeinde existieren wird. Man liest in Offenbarung 21,1-8 in einem Abschnitt, der von der zukünftigen Ewigkeit spricht: „Und ich sah einen neuen Himmel und eine neue Erde ... Und ich sah die heilige Stadt, das neue Jerusalem, aus dem Himmel herabkommen von Gott, bereitet wie eine für ihren Mann geschmückte Braut ... Siehe, die Hütte Gottes bei den Menschen!" (Offenbarung 21,1-3). Völker, Sprachen und Nationen wird es auf der neuen Erde nicht mehr geben – es ist nur noch von „Menschen" die Rede. Die Gemeinde dagegen existiert auch in Ewigkeit noch. Auch wenn es auf den ersten Blick kaum erkennbar sein mag: Die Gemeinde verbirgt sich hier hinter der „Stadt", der „Braut" und der „Hütte". Sie ist der ewige Gedanke Gottes für seinen geliebten Sohn Jesus Christus. In diesem Sinn heißt es in Epheser 3,21: „Ihm [Gott] sei die Herrlichkeit in der Versammlung in Christus Jesus auf alle Geschlechter des Zeitalters der Zeitalter hin! Amen." Die Versammlung ist eine nie aufhörende Institution mit einer nie aufhörenden Sonderstellung und Beziehung inmitten der Gläubigen.

5. Was für eine Beziehung hat die Gemeinde zum Heiligen Geist?

„Denn auch in einem Geist sind wir alle zu einem Leib getauft worden" (1. Korinther 12,13).

Die Tatsache, dass heute mit dem Heiligen Geist eine göttliche Person auf der Erde wohnt, ist nicht nur ein großer Segen, sondern geradezu charakteristisch für die christliche Zeit. In der Zeit des Alten Testaments wirkte der Geist Gottes auf der Erde. Das macht Gott bereits in 1. Mose 1,2 deutlich. Immer wieder beeindruckt uns, wie Gott durch seinen Geist tätig war.

Es hat aber keine andere Zeit gegeben und wird auch keine mehr geben, in welcher der Heilige Geist als göttliche Person in der Versammlung (1. Korinther 3,16) und in jedem einzelnen Gläubigen (1. Korinther 6,19) auf der Erde wohnt, und zugleich ein Mensch, verherrlicht zur Rechten Gottes, mit diesen Gläubigen untrennbar verbunden ist: Christus Jesus, das Haupt des Leibes der Versammlung (Kolosser 1,18).

Warum ist dieser Punkt so bedeutsam? Man kann den Segen, der durch den Geist Gottes und den verherrlichten Christus für die Gemeinde Gottes besteht, gar nicht hoch genug einschätzen. Christus, das Haupt im Himmel, steuert, fördert und segnet seine Kirche hier auf der Erde.

Der Heilige Geist hat sie durch die Taufe überhaupt erst entstehen lassen (1. Korinther 12,13). Er, der in der Versammlung wohnt, führt sie und zeigt ihr die Herrlichkeit des Herrn Jesus (Johannes 16,14). Er ist es, der den Gläubigen die Wahrheit verständlich macht (Johannes 16,13). Er ist es zugleich, der seiner Gemeinde alles das gibt, was sie nötig hat (1. Korinther 12,11). Dazu gehören auch die Gnadengaben (1. Korinther 12,4). Er hat die einzelnen Glieder der Kirche Gottes wohl zusammengefügt zu einem lebendigen, wunderbar funktionierenden Organismus (1. Korinther 12,14-26). Von Ihm geht in der Versammlung alles aus, was sich auch in dem Lebensalltag der Versammlung Gottes wiederspiegeln sollte.

6. Die Gemeinde gehört zum Himmel

„Und er [Gott] setzte ihn [Jesus Christus] zu seiner Rechten in den himmlischen Örtern ... und hat alles seinen Füßen unterworfen und ihn als Haupt über alles der Versammlung gegeben, die sein Leib ist, die Fülle dessen, der alles in allem erfüllt" (Epheser 1,20-23).

Wir Menschen leben auf der Erde. Bedeutet das, dass auch die Gemeinde ihren eigentlichen Platz auf der Erde hat, also dem Wesen nach zur Erde gehört? Die Antwort auf diese Frage lautet: Nein.

Die Versammlung ist verbunden mit einer Person, die im Himmel ist. Wir haben schon gesehen, dass die Voraussetzung für die Bildung der Gemeinde die Verherrlichung Jesu Christi war. Er musste erst in die Herrlichkeit, in den Himmel, auffahren, bevor die Versammlung gegründet wurde. Und von dort sendete Er den Heiligen Geist auf die Erde, der in der Gemeinde von dem verherrlichten Christus zeugt.

Aus dem Epheserbrief wissen wir auch, dass die Verherrlichung Christi der Gründung der Gemeinde vorausging. Dort lesen wir von der Macht der Stärke Gottes, „in der er gewirkt hat in dem Christus, indem er ihn aus den Toten auferweckte; und er setzte ihn zu seiner Rechten in den himmlischen Örtern ... und hat alles seinen Füßen unterworfen und ihn als Haupt über alles der Versammlung gegeben, die sein Leib ist, die Fülle dessen, der alles in allem erfüllt" (Epheser 1,20-23).

Christus Jesus ist der Himmlische, der auf die Erde kommen musste, um zu leiden. Dann aber ging Er zurück in den Himmel. Weil die Versammlung „seine Fülle" ist, hat auch sie ihre eigentliche Heimat im Himmel. Sie ist schon heute in den Augen Gottes dort mit Christus untrennbar verbunden und lebt nur für eine Übergangszeit auf der Erde.

Gott hat der Versammlung den Herrn Jesus als Geschenk gegeben. Und genauso gilt: Gott hat die Gemeinde dem verherrlichten Menschen Jesus Christus als Ergänzung geschenkt (Epheser 1,22.23). Die zweite Seite wird durch das erste Menschenpaar illustriert: Adam fand erst durch das Erschaffen von Eva seine vollständige Ergänzung (vgl. 1. Mose 2,18-25). So ist der Herr Jesus Christus als Mensch auch erst durch seine „Ehefrau", die Gemeinde, „vollständig". Sie ergänzt Ihn, der im Himmel ist. Ihr Ziel ist der Himmel, wie Jesus Christus schon jetzt dort ist. Er ist im Himmel und der

Mensch vom Himmel (vgl. Johannes 6,33). Sie ist sein himmlischer Körper und wird ewig im Himmel sein.

Praktische Schlussfolgerungen aus der himmlischen Stellung der Gemeinde

Vielleicht klingt das alles ein wenig theoretisch. Das ist es aber nicht. Erstens zeigt das himmlische Wesen der Gemeinde, dass sie sich grundsätzlich vom Wesen des Volkes Israel unterscheidet, von dem man viel im Alten Testament liest. Dieses Volk lebte auf der Erde und gehört zu einem auf dieser Erde herrschenden König. Die Gemeinde lebt zwar heute ebenfalls auf der Erde. Sie gehört aber nicht zu einem auf der Erde lebenden Menschen, sondern zu einem himmlischen.

Darüber hinaus hat die himmlische Stellung der Versammlung weitreichende Konsequenzen für unser Leben. Stellung heißt hier, wie Gott die Gemeinde sieht und was für eine Position sie in *seinen* Augen grundsätzlich besitzt. Wenn wir zum Himmel gehören, suchen wir als diejenigen, die zur Gemeinde Gottes gehören, unsere Befriedigung und Erfüllung nicht auf der Erde. Wir müssen zwar in die Schule gehen, eine Ausbildung oder ein Studium absolvieren. Wir haben unsere Arbeiten sorgfältig zu erledigen – zu Hause oder an einem anderen Arbeitsplatz. Aber nicht das ist die wahre Lebenserfüllung. Da die Versammlung ewig im Himmel sein und die Herrlichkeit Gottes offenbaren wird (vgl. Offenbarung 21,9-22,5), sollte sie schon hier auf der

Erde etwas von dieser himmlischen Wirklichkeit sichtbar werden lassen. Sie sollte Botschafterin des Himmels auf der Erde sein. Sie soll in ihrem Leben den Himmel auf der Erde widerstrahlen, zum Beispiel in der Art und Weise, wie die Gläubigen miteinander umgehen.

Zudem gilt: Die Herrlichkeit wartet auf uns. Der Apostel Paulus schreibt sogar im Epheserbrief, dass wir schon jetzt im himmlischen Bereich wohnen und zu Hause sind. Das betrifft unsere Gesinnung, unsere Gedanken und unsere eigentliche Freude. Unsere Herzen gehören zum Himmel und sehnen sich danach.

Wenn das praktisch in meinem Leben wahr sein soll, geht es mir nicht mehr um eine irdische Karriere. Dann ist auch nicht entscheidend, was meine Mitmenschen von mir halten, ob ich bei ihnen in hohem Ansehen stehe. Sondern mir ist vor allem wichtig, Christus, dem Haupt im Himmel, Freude zu machen. Dann werde ich mich mit den Dingen beschäftigen, die den Himmel ausmachen:

- Mein Herz schlägt für den verherrlichten Herrn Jesus Christus und ich lebe für Gott, der durch den Herrn Jesus unser Vater geworden ist.

- Ich genieße den Besitz des Heiligen Geistes, den Gott aus dem Himmel in die gläubigen Christen gesandt hat. Ich weiß, dass Er zusammen mit der Gemeinde diese Erde wieder verlassen wird.

- Ich freue mich über die Erlösung in Christus und auf das Vaterhaus, in dem Jesus Christus die Stätte für die Seinen bereitet hat.

- Ich bin dankbar für die Vergebung der Sünden und die Gemeinschaft mit dem himmlischen Vater und seinem geliebten Sohn und für noch vieles mehr.

Schließlich bedeutet das himmlische Wesen der Gemeinde praktisch, dass ein Christ auf das Wiederkommen von Jesus Christus wartet. Wir sind heute schon als Gemeinde mit Ihm untrennbar verbunden. Daher ist es nur eine Frage der Zeit, dass Er die Kirche zu sich in den Himmel holen wird. Im Neuen Testament lesen wir dazu, dass die Gläubigen in den Himmel „entrückt" werden (1. Thessalonicher 4,17). Eine wunderbare Hoffnung!

7. Die Entrückung der Erlösten

„Siehe, ich sage euch ein Geheimnis: Wir werden zwar nicht alle entschlafen, wir werden aber alle verwandelt werden, in einem Nu, in einem Augenblick, bei der letzten Posaune" (1. Korinther 15,51.52).

Wie verlässt die Gemeinde die Erde wieder?

Die Gemeinde besteht im Ratschluss Gottes vor Beginn der Zeit. Sie ist ihrem Wesen nach himmlisch. Ihren Anfang nahm sie hier auf der Erde zu Pfingsten. Aber sie wird nicht für immer hierbleiben. Sie wird diese Erde verlassen, um dann für immer im Himmel zu sein. Und wie geschieht das? Das Neue Testament gibt eine eindeutige Antwort auf diese Frage: durch die Entrückung der einzelnen Erlösten. Diese wird besonders in 1. Thessalonicher 4,13-18 behandelt. Auch 1. Korinther 15 und Philipper 3 beziehen sich auf dieses Ereignis.

Dass es eine Entrückung von Menschen in den Himmel gibt, ist keine neue Belehrung für das Christentum. Schon das Alte Testament berichtet von zwei Gläubigen, die entrückt wurden: Henoch und Elia. Hinzu kommt, dass Henoch geweissagt hat, dass der Herr einmal mit seinen heiligen Tausenden auf diese Erde kommen würde (Judas 14). Das sind Engel und erlöste Menschen (vgl. Sacharja 14,5). Wenn diese Menschen zusammen mit Christus auf die Erde kommen sollen, müssen sie zuvor auf irgendeine Weise zu Gott entrückt werden. Nur so können sie dann mit Ihm wieder auf der Erde erscheinen können. Daher wartet die Gemeinde auf eine solche Entrückung und ruft ihrem Bräutigam, dem Herrn Jesus, zu: „Komm!" Es ist der Geist Gottes, der diese Sehnsucht bei ihr bewirkt (Offenbarung 22,17).

Entrückung und Verwandlung

Was die gemeinsame Entrückung der Gläubigen im Einzelnen bedeutet, hat der Apostel Paulus mitgeteilt. Der Herr Jesus wird lebende Menschen verwandeln und zu sich holen. Zugleich werden die Entschlafenen, also gestorbene Gläubige, auferweckt werden. Alle zusammen werden dann dem Herrn Jesus in den Himmel entgegengerückt werden. Das lernen wir aus den Belehrungen von 1. Thessalonicher 4.

Vollkommen unbekannt im Alten Testament war, wie lebende Menschen mit einem Auferstehungskörper direkt in den Himmel kommen können. Dazu ist eine Verwandlung ihres Körpers nötig. Das ist etwas anderes als die Entrückung, die man von Henoch und Elia kennt. Paulus spricht davon, dass Menschen mit verherrlichten Körpern direkt in die Gegenwart Gottes kommen können. Er nennt das in 1. Korinther 15 ein Geheimnis. Dort erklärt der Apostel, dass lebende Gläubige nicht erst sterben müssen, um in den Himmel zu kommen. Sie werden in einer Weise umgewandelt, dass ihr verweslicher Körper durch einen unverweslichen „überkleidet", also ersetzt wird (2. Korinther 5,2).

Dieses Geheimnis ist nichts Geheimnisvolles. Es handelt sich um eine Tatsache, die in der Zeit des Alten Testaments unbekannt war. Deshalb heißt es Geheimnis. Aber Gott hat diese Sache seinen Aposteln in der Anfangszeit des Christentums offenbart, sodass sie es uns mitteilen konnten. Dadurch wissen wir, dass wir verwandelt werden beim Kommen Jesu. Wie man sich diese Verwandlung ohne Tod im Einzelnen vorstellen muss, sagt er nicht. Offenbar können wir das mit unserem menschlichen Verstand nicht erfassen.

Mit der Entrückung endet das Leben der Gemeinde auf dieser Erde. Im 1000-jährigen Reich wird sie noch einmal mit dieser Erde in Beziehung kommen. Dann aber wird sie nicht mehr auf dieser Erde wohnen. Nach Offenbarung 21,9-27 wird die Versammlung die Verbindung zwischen Erde und Himmel sein, und zwar in beide Richtungen. Wie wir uns das konkret vorstellen können, erläutert die Bibel nicht. Es ist offenbar nicht wichtig für unser heutiges Leben als Gemeinde.

III.   Blickwinkel und Bilder der Gemeinde

1. Zwei verschiedene Blickwinkel auf die Gemeinde

„Habt acht auf ... die ganze Herde, in der euch der Heilige Geist als Aufseher gesetzt hat, die Versammlung Gottes zu hüten, die er sich erworben hat durch das Blut seines Eigenen" (Apostelgeschichte 20,28).

Insgesamt zeigt uns Gottes Wort zwei grundsätzliche und unterscheidbare Blickwinkel der Gemeinde. Beide Gesichtspunkte wiederum weisen zwei Ausprägungen auf.

Die universale Gemeinde

Die Versammlung Gottes wird als eine universale Gemeinde gezeigt. Unter diesem Blickwinkel spricht Gott von der Versammlung, wenn Er sie in ihrer Gesamtheit betrachtet. Gerade in dieser Gesamtheit besitzt die Versammlung einen einzigartigen Wert in den Augen Gottes.

Die Gemeinde nach dem ewigen Beschluss Gottes

Manchmal spricht Gott in der Bibel von der Gemeinde, wie Er sie in seinem ewigen Beschluss schon immer gesehen hat und auch immer sehen wird. Das heißt, hier sind alle Gläubigen eingeschlossen vom Pfingsttag an, den wir in Apostelgeschichte 2 finden, bis zur Entrückung. Diesen Blickwinkel findet man zum Beispiel in Epheser 5,25: „Christus hat die Gemeinde geliebt und sich selbst für sie hingegeben." Es ist für jeden verständlich, dass sich Christus nicht nur für die ersten Christen oder für die Gläubigen in den letzten Tagen vor der Entrückung hingegeben hat. Nein, sein Tod gilt allen gläubigen Christen vom ersten bis zum letzten Tag. „Die Versammlung Gottes ..., die er sich erworben hat durch das Blut seines Eigenen" (Apostelgeschichte 20,28).

Wenn in diesem Sinn von der Gemeinde gesprochen wird, steht der große Segen im Vordergrund, der für alle Erlösten der christlichen Zeit gilt. Es geht dann nicht um unsere Verantwortung, treu zu sein oder dergleichen. Nein, dann wird Gottes Liebe betont, die durch das Werk des Herrn Jesus sichtbar gemacht worden ist, und Gottes Heiligkeit, der die Gemeinde teilhaftig ist. Wie könnte Gott sonst in der Versammlung wohnen?

Die weltweite Gemeinde zu einem bestimmten Zeitpunkt

Manchmal lesen wir auch von der Gemeinde, die zu einem bestimmten Zeitpunkt aus allen Gläubigen auf der ganzen Welt besteht. Unter diesem Blickwinkel ändert sich die „Zusammensetzung" der Versammlung, wenn sich wieder ein Mensch zu Jesus Christus bekehrt und Ihn als Retter annimmt bzw. wenn einer stirbt und ins Paradies eingeht.

In 1. Korinther 12 finden wir diesen Aspekt der Gemeinde einige Male. Zum Beispiel heißt es in Vers 28: „Und Gott hat einige in der Gemeinde gesetzt: Erstens Apostel, zweitens Propheten, drittens Lehrer ..." Hier ist nicht die Rede von bereits heimgegangenen Aposteln. Paulus denkt auch nicht an Lehrer, die erst noch kommen würden. Er spricht von den damals lebenden Gläubigen, die der Herr Jesus als seine Kirche anerkannte.

Ähnliche Stellen sind Kolosser 2,19 („das Haupt, aus dem der ganze Leib ... das Wachstum Gottes wächst") und Epheser 4,15.16 („in allem heranwachsen zu ihm hin, der das Haupt ist, der Christus, aus dem der ganze Leib ... für sich das Wachstum des Leibes bewirkt"). Wenn von dieser weltweiten Gemeinde zu einem bestimmten Zeitpunkt die Rede ist, geht es oft darum, dass der Herr Jesus seine Gemeinde wohl zusammengefügt hat. Er hat ihr alles geschenkt, was sie für jeden Augenblick ihrer Existenz auf der Erde nötig hat.

Man kann die Gemeinde Gottes unter diesem Blickwinkel gar nicht genug wertschätzen. Es besteht die Gefahr, dass man nur an die örtliche Gemeinde denkt, wenn Gottes Wort von der Gemeinde spricht. Gemeindliche Kontakte über die örtliche Versammlung hinaus werden in unserer digitalen Welt immer weniger geknüpft und ausgelebt. Dabei misst Gott der weltweiten Gemeinde einen hohen Stellenwert bei. Gerade die weltweite Kirche ist von Gott als ein funktionsfähiger Organismus auf der Erde geschaffen worden.

Wenn Gott von „wohl zusammengefügt" (Epheser 4,16) spricht, dann meint Er diese universale Kirche auf der Erde. Als solche besitzt sie einen besonderen Wert im Herzen Gottes und des Herrn Jesus. Dafür hat Gott nach Apostelgeschichte 20,28 seinen eigenen Sohn gegeben. Dafür ist der Herr Jesus aus Liebe gestorben, damit es diese eine Gemeinde geben könnte und damit sie auf dieser Erde in wunderbarer Weise zusammengestellt etwas von der Herrlichkeit Gottes wiederstrahlt. „Das Haupt, aus dem der ganze Leib, durch die Gelenke und Bänder unterstützt und zusammengefügt, das Wachstum Gottes wächst" (Kolosser 2,19). Wenn Gott, der Vater, und der Herr Jesus der weltweiten Versammlung einen solchen Wert beimessen, sollten auch wir erkennen, dass es nicht nur eine örtliche, sondern vor allem eine universale Versammlung gibt.

Dadurch wird deutlich: Es liegt nicht an Christus, wenn es in der weltweiten Gemeinde auf der Erde im praktischen Leben nicht gut läuft, wenn Neid, Streit und Zersplitterung vorhanden sind. Er fügt zu jeder Zeit alles passend und in vollkommener Weise zusammen.

Die Gemeinde an einem bestimmten Ort

Es gibt noch einen zweiten wichtigen Blickwinkel auf die Gemeinde: die Versammlung an einem Ort. Auch hier finden wir wieder zwei verschiedene Ausprägungen.

a)   Die örtliche Gemeinde

Am Ort kommt die weltweite Versammlung „als Gemeinde" zusammen. Am Ort wird sie gesehen und erkennbar. Diese örtliche Gemeinde wird oft mit einem Hinweis auf das örtliche Zusammenkommen verbunden. Das wird uns später ausführlicher beschäftigen.

Wie auch bei den beiden anderen Sichtweisen der Kirche wollen wir uns daran erinnern, dass Gott immer *alle* Gläubigen sieht, wenn Er von Gemeinde spricht. In diesem Fall sind es alle Erlösten, die an einem Ort leben. In unserer Zeit, in der es, dem Namen nach, viele verschiedene „Gemeinden" nebeneinander gibt, kann man diesen Blickwinkel Gottes leicht aus den Augen verlieren.

Eine Stelle zu diesem Aspekt findet man in 1. Korinther 1,2: Paulus schreibt „der Versammlung Gottes, die in Korinth ist, den Geheiligten in Christus Jesus, den berufenen Heiligen". Das sind alle Gläubigen in Korinth. Gott hat also von Anfang an in seinem Wort klargemacht, dass die Erlösten an einem Ort *zusammengehören.* Niemand hat das Recht zu sagen: „Ich bin Christ, aber dieser oder jener passt mir nicht." Nein, wir gehören als Erlöste zusammen, da wir zu der *einen* Gemeinde gehören, mit der Christus sich ewig verbunden hat.

Die örtliche Versammlung kann sich ihre Gläubigen somit nicht aussuchen. Es gehören nicht nur die dorthin, die einer Gruppe von Christen sympathisch sind. Alle Gläubigen gehören in den Augen Gottes zu der örtlichen Gemeinde. Das ist einfach eine Tatsache. Gott sieht aber nicht nur alle Erlösten an einem Ort als der *einen* Kirche zugehörig, Er wünscht auch, dass alle Christen eines Ortes in Gemeinschaft miteinander nach den Grundsätzen der Schrift zusammenkommen. Auch diesen Gedanken findet man im 1. Korintherbrief: „Wenn ihr nun an einem Ort zusammenkommt ..." (Kap. 11,20; 14,23). Mit „ihr" sind die Korinther gemeint. Paulus spricht hier nicht von geistlichen Korinthern oder von einer besonderen Gruppe inmitten Korinths. Es sind alle Erlösten dieses Ortes gemeint, selbst wenn sie in unterschiedlichen Häusern zusammenkamen.

b) Die Gemeinde in einem Haus

Damit haben wir bereits den zweiten Aspekt der örtlichen Gemeinde vor uns. Denn in mehreren Briefen des Neuen Testaments lesen wir davon, dass die Gläubigen in einem Haus zusammenkamen. Römer 16 deutet an, dass die Gläubigen dort sogar in mehreren Häusern zusammenkamen. Es heißt dort: „Grüßt Priska und Aquila ... und die Versammlung in ihrem Haus" (V. 3-5). Es ist von einigen Gläubigen in Rom die Rede, und Paulus fügt hinzu: „und die Brüder bei ihnen", später: „und alle Heiligen bei ihnen" (V. 14.15).

Keine dieser „Häuser", also der Versammlungen in diesen Häusern, waren „die Versammlung in Rom". Wir lesen im Neuen Testament auch nicht, dass die örtliche Versammlung einer Stadt aus mehreren Versammlungen einzelner Häuser bestand. Nein, es gab die Gemeinde in Korinth, die aus allen Erlösten in Korinth bestand, wie es die Gemeinde in Rom gab, die aus allen einzelnen Gläubigen Roms bestand. Aufgrund der Räumlichkeiten, die zur Verfügung standen, kamen die Christen offensichtlich in verschiedenen Häusern zusammen.

Es bleibt also bestehen: Alle Gläubigen eines Ortes bildeten zusammen die örtliche Kirche. Gleichwohl gab es auch eine „Versammlung in ihrem Haus". Das zeigt, dass die Gläubigen, die in diesen Häusern zusammenkamen, jeweils gemeinsam die Verantwortung wahrnahmen und die Segnungen wahrnahmen, die für die örtliche Kirche gelten. Sie kamen dort nach Matthäus 18,20 „in seinem Namen" zusammen, also im Namen des Herrn Jesus Christus.

2. Bildhafte Wesenszüge der Gemeinde

„Das ist die Versammlung (Gemeinde)" (Kolosser 1,24).

Gott benutzt im Neuen Testament verschiedene bildhafte Ausdrücke, durch die Er uns seine Gedanken über die Gemeinde veranschaulicht. Warum tut Er das? Gott möchte uns durch diese Bilder über Einzelheiten und Zusammenhänge in einer für uns gut nachvollziehbaren Weise belehren. Eine allein abstrakte, lehrmäßige Behandlung des Themas wäre für viele von uns viel schwerer verständlich.

Wenn wir versuchen, Kindern etwas beizubringen, was sie noch nicht kennen, verwenden wir oft Bilder und Vergleiche. Ich hörte einmal, wie jemand einem „im Busch" lebenden Menschen, der noch nie ein Flugzeug gesehen hatte, ein solches zu beschreiben versuchte. Er hätte noch so lange von nützlichen Eigenschaften dieses Transportmittels sprechen können – das hätte diese Person nicht verstanden. Er wusste nicht, was ein Flugzeug ist. Also sagte der Missionar: Ein Flugzeug ist ein Vogel, der so groß ist, dass er nicht auf einem Baum landen kann. Man muss Bäume abholzen, damit er auf der Erde landen kann. Die Haut dieses Verkehrsmittels ist Metall, und es trinkt nicht Wasser, sondern Benzin. Es ist so groß, dass sich sogar Menschen in diesen „Vogel" hineinsetzen können. Nach einer solchen Beschreibung kann vielleicht sogar ein Ureinwohner erahnen, was ein Flugzeug ist, obwohl er es noch nie in seinem Leben gesehen hat.

Wenn Gott uns erklärt, wer oder was die Gemeinde ist, benutzt auch Er bildliche Ausdrücke. Folgende finden wir im Neuen Testament für die Versammlung:

- Der *Leib Christi* zeigt uns die untrennbare Verbindung von Christus, dem Haupt, mit der Gemeinde und wie die Gemeinde auf der Erde wie ein Organismus funktioniert.

- Das *Haus Gottes* zeigt uns zwei Ziele Gottes mit der Gemeinde: Er wohnt in ihr und sucht ihre Anbetung.

- Die *Ehefrau* bzw. *Braut Christi* zeigt uns die Atmosphäre der Beziehung zwischen Christus und seiner Gemeinde: Sie ist von Liebe geprägt.

- Der *Leuchter* zeigt uns die Aufgabe der Versammlung, ein Zeugnis zu sein. Die Gemeinde soll auf dieser Erde das Licht Gottes verbreiten.

- Der *Pfeiler und Grundfeste der Wahrheit* zeigt uns, wo diese Welt einen Hinweis auf Gott und die göttlichen Maßstäbe erhalten kann: in der Gemeinde.

- Die *Herde* schließlich zeigt, dass die Gemeinde, solange sie auf der Erde ist, Hilfe und Dienst nötig hat.

Diese Bilder sind eine genaue Darstellung der Gemeinde. Das heißt, die Gemeinde wird direkt „Leib" oder „Herde" genannt. Darüber hinaus finden wir andere bildhafte Ausdrücke wie Familie, Stadt und Perle als Zusammenfassung aller Gläubigen. Da diese zuletzt genannten Bilder aber nicht direkt Versammlung *genannt* werden, beschränke ich mich im Folgenden auf die ersten sechs genannten.

Noch ein Schlussgedanke zu diesen bildhaften Ausdrücken der Kirche: Der Leib ist nicht nur ein *Bild von* der Versammlung, sondern die Versammlung *ist* der Leib Christi. Das Haus ist nicht nur ein Bild von der Gemeinde, sondern die Gemeinde ist das Haus Gottes, usw. Das heißt, wir haben es nicht nur mit verschiedenen *Bildern bzw. Symbolen von* der Kirche Gottes zu tun, sondern uns wird durch diese Ausdrücke die Wirklichkeit der Kirche gezeigt.

Die zwei Blickwinkel auf Leib, Haus und Braut/Ehefrau bezogen

Der Leib Christi, das Haus Gottes und die Braut Christi lassen sich auf die beiden vorher genannten Blickwinkel beziehen:

1. auf die örtliche Gemeinde (Leib: 1. Korinther 12,27; Haus: 3,17; Braut: 2. Korinther 11,2),

2. auf die universelle Gemeinde (Leib: Epheser 1,23; 1. Korinther 10,17; Bau: Epheser 2,21; Ehefrau: 5,25.29.32).

Beim Leuchter, dem Pfeiler und der Grundfeste der Wahrheit sowie bei der Herde steht dagegen ein einzelner Gesichtspunkt im Vordergrund.

3. Die Gemeinde – gesehen als der Leib Christi

„Da ist ein Leib" (Epheser 4,4).

Jeder der genannten bildhaften Ausdrücke der Gemeinde hat mindestens zwei sich ergänzende Hauptgedanken. In diesem Buch beschränken wir uns im

Wesentlichen auf diese Punkte. Wer sich weitergehend mit diesen Bildern beschäftigen möchte, nutze bitte die Literaturempfehlungen am Ende des Buches.

Eine wichtige Belehrung über den Leib Christi findet man im zwölften Kapitel des 1. Korintherbriefs. Die Versammlung wird dort wie ein menschlicher Körper gesehen, der eine Einheit ist, aber aus vielen einzelnen Gliedern besteht.

Der Leib: Einheit und Vielfalt

Im Neuen Testament werden mit dem Leib zwei wichtige Charakterzüge der Gemeinde verbunden:

- *Einheit:* Bei einem gesunden Menschen gibt es im menschlichen Körper eine wunderbare Einheit. Der steuernde Körperteil ist der Kopf. Alle Glieder, ob Hände, Finger, Arme, Beine, Augen usw., handeln einheitlich nach dem, was das Gehirn bestimmt. So ist es auch in der Gemeinde. Jesus Christus ist das Haupt. Von Ihm geht alles aus. Die Glieder, das sind wir Christen, wirken in schöner Eintracht zusammen, wie Christus es möchte. Er lenkt alles in einer segensreichen Weise. So sollte es jedenfalls auch in der Praxis des Gemeindelebens sein.

- *Vielfalt:* Zwar handeln alle Glieder, ausgehend vom Kopf, harmonisch miteinander, füreinander und damit als Einheit. Dennoch füllt jedes Glied eine eigene, eigenständige Funktion aus. Die rechte Hand tut nicht dasselbe wie die linke. Ein Fuß hat eine andere Aufgabe als ein Arm. Vergessen wir nicht: Jedes Glied hat seine eigene Aufgabe. Mit anderen Worten: Es gibt eine wunderbare Vielfalt in dem Leib.

Dieses Zusammenspiel von Einheit und Vielfalt beschreibt 1. Korinther 12,12: „Denn so wie der Leib *einer* ist und viele Glieder hat, alle Glieder des Leibes aber, obgleich viele, *ein* Leib sind: so auch der Christus." Der Apostel Paulus vergleicht hier die Einheit und die Vielfalt unseres menschlichen Körpers mit „dem Christus". Damit ist nicht die Person Jesu Christi gemeint. „Der Christus" ist hier eine Bezeichnung für die untrennbare Verbindung der einzelnen Glieder (gläubige Menschen) in der weltweiten Gemeinde. Wir alle wissen, dass man kein Körperglied von den anderen trennen kann, ohne dass dies zu großen Schmerzen und Verlusten führt. Genauso ist es im geistlichen Leib, in der Gemeinde. Die Gläubigen sind nicht voneinander zu trennen. Alle Glieder zusammen bilden die Kirche Gottes. Da das Ganze von Christus geprägt wird, heißt „der ganze Mensch": der Christus.

Es ist wichtig zu verstehen, dass wir von der Gemeinde als Leib keinen Hinweis und kein Bild im Alten Testament finden. Weder Israel noch irgendein Bild im Alten Testament veranschaulichen den Leib Christi. Es gibt einen gewissen Schatten, also ein Abbild, wenn man an das Erschaffen Evas denkt. Sie wurde aus Adam gebildet, war sozusagen sein Leib. Aber das konnte in der Zeit des Alten Testaments niemand verstehen. Nur durch die neutestamentlichen Belehrungen erkennen wir die Umrisse dieses Schattens. Bei dem Leib handelt es sich um das bereits erklärte Geheimnis, das erst durch Paulus offenbart wurde.

Praktische Schlussfolgerungen

Zum Schluss möchte ich noch auf die Bedeutung des Leibes für die Praxis des Gemeindelebens hinweisen. Wer auf der Suche nach Christen ist, welche die biblische Belehrung verwirklichen wollen, kann prüfen, inwieweit die Wahrheit von dem einen Leib verwirklicht wird. Wo man die Bibel ernst nimmt, wird die Vielfalt der Gläubigen in ihren unterschiedlichen Aufgaben und Diensten zu sehen sein. Dort werden die Christen nicht gegeneinander arbeiten und schlecht über andere reden – auch nicht über solche, deren Auffassungen man nicht vollständig teilen kann.

Einheit und Vielfalt ist ein wichtiges Kriterium, um solche zu finden, welche die biblische Gemeinde leben. Die Einheit ist für die praktische Verwirklichung sehr bedeutsam. Aus ihr folgt beispielsweise, dass eine örtliche Versammlung nicht unabhängig und losgelöst von anderen örtlichen Versammlungen handeln kann. Das wäre im Widerspruch zu der Einheit, die den Leib Christi hier auf der Erde weltweit kennzeichnet. Doch dazu später mehr (siehe Seite 145).

4. Die Gemeinde – gesehen als das Haus Gottes

„Auch ihr werdet selbst als lebendige Steine aufgebaut, ein geistliches Haus, zu einer heiligen Priesterschaft, um darzubringen geistliche Schlachtopfer, Gott wohlangenehm durch Jesus Christus" (1. Petrus 2,5).

Über die Gemeinde als Haus Gottes findet man bedeutsame Aussagen sowohl in 1. Petrus 2 als auch in Epheser 2 und in 1. Korinther 3. Die Versammlung wird in diesen Belehrungen mit einem Haus verglichen, das aus Steinen besteht. Von Petrus lernen wir, dass die Steine ein Symbol für erlöste Menschen sind. Schon der Herr Jesus hatte dieses Bild benutzt, als Er das erste Mal von der Kirche sprach (Matthäus 16,18).

Das Haus hat zwei wichtige Funktionen:

- Es ist der *Wohnort Gottes*, der die Gemeinde bewohnt (vgl. 1. Korinther 3,16).

- Es ist der *Ort des Gottesdienstes*, wo Gott geistliche Schlachtopfer gebracht werden, das heißt Dank und Anbetung (vgl. 1. Petrus 2,5).

Das Haus: Herrlichkeit und Ordnung

Wie beim Leib können wir auch beim Haus zwei große, sich ergänzende Kennzeichen herausstellen:

- *Herrlichkeit*: Die große Überschrift über das Haus Gottes ist, dass es von der Herrlichkeit und Heiligkeit Gottes zeugt. Zwei Verse aus dem Alten Testament, die sich auf das Haus Gottes, den Tempel, beziehen, unterstreichen das: „Herr, ich habe geliebt die Wohnung deines Hauses und den Wohnort deiner Herrlichkeit." „In seinem Tempel spricht alles: Herrlichkeit!" (Psalm 26,8 und Psalm 29,9). Heiligkeit ist ein wichtiger Aspekt dieser Herrlichkeit (vgl. auch Psalm 93,5; Hesekiel 43,12). Auch im letzten Buch der Bibel, der Offenbarung, zeigt Gott etwas von dieser Herrlichkeit. Der Herr Jesus vergleicht dort die Gemeinde mit einer Stadt, welche die Herrlichkeit Gottes hatte (vgl. Offenbarung 21,10.11).

- *Ordnung*: Im Haus Gottes herrscht Ordnung: Timotheus sollte wissen, „wie man sich verhalten soll im Haus Gottes, das die Versammlung des lebendigen Gottes ist" (1. Timotheus 3,15). In der Gemeinde kann man nicht tun und lassen, was man will. Gott hat uns im Neuen Testament eine ganze Reihe von Anordnungen mitgeteilt, die wir in unserem Gemeindeleben zu beachten haben. Diese Ermahnungen beziehen sich nicht nur auf die Zusammenkommen wie das Abendmahl, sondern auf unser ganzes Leben. Wir sind nicht nur am ersten Tag der Woche „Teil der Gemeinde Gottes". Nicht, dass jede Einzelheit festgelegt worden ist, denn Gott hat uns eine weitreichende christliche Freiheit geschenkt. Aber die Punkte, die Er anordnet, haben wir zu befolgen.

Das Haus: göttliche Vollkommenheit und menschliche Verantwortung

Das Haus Gottes wird unter zwei Blickwinkeln betrachtet.

- *Göttliche Vollkommenheit*: Der Herr Jesus selbst baut dieses Haus. Er schenkt dazu Menschen neues, ewiges Leben und fügt sie in seine Gemeinde ein. An diesem Bau ist unter diesem Blickwinkel alles vollkommen. Es gibt nichts, was nicht seinen göttlichen Maßstäben entsprechen würde (Matthäus 16,18).

- *Menschliche Verantwortung*: Gott ruft seine Erlösten auf, dieses Haus mit geistlicher Energie zu bauen. Sie verkündigen das Evangelium der Gnade Gottes. Sie taufen und lehren alle, die sich aufrichtig zu Christus bekennen. Sie nehmen als örtliche Zusammenkommen Gläubige in die praktische Gemeinschaft der weltweiten Gemeinde auf. Es hat sich herausgestellt: Immer da, wo Gott Menschen verantwortlich macht, gibt es Unvollkommenheit und Versagen. Das ändert sich auch nicht, wenn diese Menschen gläubig sind. Sie können in Abhängigkeit von Gott mit gutem Ergebnis bauen. Aber es ist genauso möglich, dass sie durch egoistische Beweggründe und aufgrund von Gleichgültigkeit und Ungehorsam gegenüber Gottes Wort das Bauwerk beeinträchtigen. Im Neuen Testament lernen wir, dass dies leider die Regel ist. Davon spricht der Apostel Paulus in seinem Brief an die Korinther (1. Korinther 3,12-15).

Gott sei Dank! Auch wenn wir Menschen versagen, wird Gott sein Bauwerk in Vollkommenheit zu Ende bauen. Im Himmel wird es keinerlei Unvollkommenheit mehr geben (Matthäus 16,18; Offenbarung 21-22,5). Da wird die Gemeinde vollkommen schön und verherrlicht ankommen (Epheser 5,27).

Praktische Schlussfolgerungen

Wenn Christen die biblische Lehre über die Gemeinde verwirklichen, wird bei ihnen etwas von der göttlichen Herrlichkeit sichtbar. Daran ändert im Übrigen auch nicht unsere menschliche Schwachheit und unser Versagen. Wer Gottes Worte folgen möchte, wird sich nicht selbst zum Mittelpunkt machen. Daher ist es solchen Christen wichtig, Gott und den Herrn Jesus groß zu machen. Dazu gehört auch, bereit zu sein, sich korrigieren zu lassen, wenn Abweichungen vom Wort Gottes festzustellen sind. Gehorsam gegenüber dem Wort Gottes muss höchste Priorität haben. Das betrifft Fragen des persönlichen Glaubens genauso wie Fragen des Miteinander und der Ordnung in den Gemeindestunden. Wo immer es konkrete Anweisungen im Neuen Testament für die Versammlung Gottes und die Gläubigen gibt, werden sie diese zu verwirklichen suchen.

Bei solchen Christen gibt es auch gemeinsamen geistlichen Gottesdienst und Anbetung. Das heißt, man kommt nicht nur regelmäßig zusammen, um durch Botschaften aus Gottes Wort belehrt, ermutigt und gewarnt zu werden, sondern auch zum Abendmahl. Man nimmt sich Zeit, um regelmäßig Dankeslieder zu singen und Gott anzubeten. Der in der Gemeinde wohnende Geist Gottes macht sich bei diesen Gläubigen bemerkbar. Sie sind durch Ruhe, Friede und Freude geprägt, die in Übereinstimmung mit der Herrlichkeit und Heiligkeit Gottes stehen.

5. Die Gemeinde – gesehen als Braut/Ehefrau Christi

„Ihr Männer, liebt eure Frauen, wie auch der Christus die Versammlung geliebt und sich selbst für sie hingegeben hat" (Epheser 5,25).

Der Epheserbrief schenkt uns seinen wunderschönen Blick auf die Gemeinde. Sie wird mit einer Braut bzw. Ehefrau verglichen (Kap. 5,31.32), und ihr Bräutigam bzw. Ehemann ist Christus. Diesen Blickwinkel finden wir im Buch der Offenbarung (Kap. 19 und 21) noch einmal.

Die Braut/Ehefrau: Liebe und Unterordnung

Wie bei den beiden anderen Bildern der Gemeinde gibt es auch hier zwei große Gedanken:

* *Liebe*: Wir denken bei der Beziehung eines Bräutigams zu seiner Braut an die Zuneigung, die zwischen beiden besteht. Christus hat seine Versammlung, seine Braut, so sehr geliebt, dass Er sich selbst für sie hingegeben hat. Er ist für sie gestorben. Die Braut wiederum liebt ihren Bräutigam. Das ist das natürliche Kennzeichen einer Braut, was der Herr daher gar nicht besonders erwähnen muss.

* *Unterordnung.* Diese Liebe wird aber aufseiten der Ehefrau durch die Bereitschaft zur Unterordnung ergänzt. Der Apostel Paulus schreibt: „Die Versammlung ist dem Christus unterworfen" (V. 24). In der Ehe übernimmt der Ehemann nach Gottes Gedanken die Führung und Verantwortung. Das gilt auch in der Beziehung von Christus und seiner Gemeinde. Er gibt den Ton an, Er führt und lenkt seine Gemeinde, die sich Ihm unterordnet. Dieser zweite Aspekt mag heute teilweise in Vergessenheit geraten sein. Er ist in den Gedanken Gottes jedoch nicht weniger wichtig als die Atmosphäre der Liebe. Denn Christus muss in allem den Vorrang haben. Das schließt auch die Gemeinde mit ein. Als Haupt des Leibes ist Christus derjenige, der Impulse gibt und die Entscheidungen bestimmt. Als Bräutigam

herrscht Er zwar nicht über die Versammlung. Doch führt und lenkt Er sie.

Frische und dauerhaft tiefe Liebe

Wenn die Beziehung zwischen Mann und Frau als Bild von Christus und der Gemeinde gebraucht wird, werden zwei verschiedene Bezeichnungen gewählt, die wir uns kurz ansehen wollen:

- Die Versammlung ist die *Braut Christi* bzw. des Lammes (z. B. Offenbarung 21,2). Wenn von der Gemeinde als *Braut* Christi gesprochen wird, geht es um die *Frische der Liebe*. Die Zuneigung ist nicht erkaltet; sie hat die Kraft des Ursprünglichen, wie wir sie im menschlichen Bereich besonders in der Verlobungszeit und am Anfang der Ehezeit erleben. Im Blick auf die Gemeinde wird diese Frische auch in der Ewigkeit vorhanden sein, worauf sich Offenbarung 21 bis Vers 8 bezieht.

- Die Gemeinde ist die *Ehefrau Christi* (z. B. Offenbarung 21,9). Wenn die Versammlung *Frau* oder Ehefrau Christi genannt wird, steht mehr die *Tiefe, Einsicht und Beständigkeit der Liebe* im Vordergrund. Die Gemeinde hat nicht nur eine frische Liebe zu Christus, sondern auch tiefe Einsicht in seine Gedanken. Diese Liebe ist eine reife Liebe, die sich nicht durch Stürme oder schwierige Umstände umwerfen lässt. Sie ist beständig und bleibt damit sogar ewig in derselben Intensität bestehen.

Wenn also Christen die biblische Wahrheit über die Kirche als Braut Christi verwirklichen wollen, wird man bei ihnen eine Atmosphäre der Liebe finden. Zugleich ordnet man sich Christus, dem Bräutigam und Ehemann, gerne unter. Was Er uns (in der Bibel) sagt, wird getan. Nicht die Gemeinde, sondern Christus gibt in allem den Ton an. Sein Wort zählt.

6. Die örtliche Gemeinde – gesehen als Leuchter

„Die sieben Leuchter sind sieben Versammlungen (Gemeinden)" (Offenbarung 1,20).

Licht ausstrahlen – Zeugnis ablegen

Im prophetischen Buch der Offenbarung beschreibt Johannes in den ersten drei Kapiteln die gesamte Zeitperiode der Gemeinde hier auf der Erde. Er geht aus von der nachapostolischen Zeit. Die Beschreibung geht dann bis zur Entrückung. Sieben aufeinanderfolgende Zeitperioden werden durch sieben Kirchen beschrieben, anfangend mit der Gemeinde in Ephesus und endend mit der Gemeinde in Laodizea.

Diese Versammlungen werden als „Leuchter" bezeichnet (Offenbarung 1,13.20). Leuchter sind örtliche

Gemeinden, die an ihrem Ort Licht ausstrahlen. Sie lassen ihr geistliches Licht in dieser Welt sichtbar werden.

- Wer also auf die Kirche, sagen wir in Berlin, sieht, sollte etwas über den Herrn Jesus, ihrem Haupt, lernen können.

- Er wird auch etwas über die Lehre des Wortes Gottes erkennen können, was die Gemeinde Gottes betrifft.

- Er wird auch etwas über Gott und den Menschen kennenlernen können.

- Er wird auch den Weg zu Gott gewiesen bekommen.

Mit anderen Worten: Das Leben der örtlichen Gemeinde ist wie ein Scheinwerfer, der aktiv Licht auf die einzelnen Teile der biblischen Lehre wirft. Die Versammlung ist auch ein Licht, das nach außen in die Welt strahlt. Sie legt Zeugnis ab von der Liebe und Wahrheit Gottes (vgl. Matthäus 5,14). Sie zeugt durch ihre Anwesenheit in dieser Welt von der biblischen Wahrheit.

Das ist zugleich der Maßstab, der für eine örtliche Gemeinde gilt. Wer also auf der Suche nach einem Zusammenkommen auf biblischer Grundlage ist, wird nach einem „Leuchter" Ausschau halten. Er schließt sich einem Zusammenkommen an, das ein glaubhaftes Zeugnis ist. Die Gläubigen werden das Wort Gottes bewahren und den Namen des Herrn Jesus nicht verleug-

nen. Das schließt ein, dass die „biblische Gemeinde"
auch das Wort des Ausharrens Christi bewahrt, indem
sie bereit sind, jetzt zu leiden, um künftig mit Christus
verherrlicht zu werden (vgl. Offenbarung 3,8.10).

7. Die Gemeinde – gesehen als Pfeiler und Grund-
feste der Wahrheit

*„Die Versammlung des lebendigen Gottes, der Pfeiler
und die Grundfeste der Wahrheit" (1. Timotheus 3,15).*

Zum Schluss kommen wir zu zwei Aspekten der Gemeinde, die in ihrer direkten Bezugnahme auf die
Versammlung jeweils nur an einer Stelle vorkommen.
Der Titel „Pfeiler und Grundfeste der Wahrheit" gilt allgemein für die Gemeinde weltweit. Dennoch wird die
Gemeinde gerade am Ort als Pfeiler und Grundfeste
sichtbar. Insofern ist auch hier der Bezug direkt auf die
örtliche Versammlung gegeben.

Das Bild des Pfeilers und der Grundfeste ähnelt dem
des Leuchters. Der Leuchter betont die Verantwortung
der örtlichen Gemeinde, lebendiger, aktiver Zeuge
für Christus und die Wahrheit zu sein. Als Pfeiler und
Grundfeste macht die Kirche die Wahrheit allein schon
durch ihre Existenz sichtbar.

Beim Pfeiler geht es nicht um eine *tragende* Stüt-
ze, sondern um eine Präsentationsplattform, die etwas
sichtbar macht – vergleichbar mit den heutigen elek-
tronischen Werbetafeln. Herrscher im Altertum ließen

ihre Siege und manchmal auch ihre Ziele und Vorstellungen auf kunstvoll behauenen, freistehenden Pfeilern oder Obelisken einmeißeln. Dadurch konnte jeder den Kriegsführer und seine Großtaten bewundern. Dieses Vorgehen greift der Apostel Paulus auf. Ihm geht es nicht um eine unpassende Heldenbewunderung. Er zeigt einfach auf, wozu Gott die Gemeinde in dieser Hinsicht gemacht hat. Er sagt gewissermaßen: Auch Christus, der Sieger am Kreuz von Golgatha, hat seine Säule auf dieser Erde. Das ist seine Kirche.

Die örtliche Versammlung soll etwas von Christus, von seiner Wahrheit sichtbar machen. Mit anderen Worten: Wer auf die Gemeinde schaut, findet in ihr die Wiedergabe und Sichtbarmachung der Lehre des Wortes Gottes. Wenn Menschen in der heutigen Gesellschaft nichts

- von Gott und Christus hören oder erkennen können,

- von der biblischen Wahrheit über den sündigen Menschen und den liebenden Gott,

- über Bekehrung und Vergebung von Sünden,

- über den Tod Jesu, der sein Leben für Sünder in den Tod gegeben hat, damit sie nicht in die Hölle, die ewige Verdammnis kommen,

- über die göttlichen Gedanken über die Gemeinde usw.,

dann haben sie doch einen „Obelisken", „Litfaßsäule" oder „Pfeiler", auf dem sie erkennen können, was Gott denkt: die Gemeinde. Die meisten Menschen lesen heute nicht mehr in der Bibel. Daher haben sie nur noch die Gemeinde, die ihnen diese Wahrheit sichtbar vor Augen führt. Umso wichtiger ist es, diesen Auftrag zu erfüllen.

Die Wahrheit wird in der Gemeinde sichtbar

Sie ist aber nicht nur diese „Litfaßsäule", die genau offenbart, was Gottes Gedanken sind. Sie ist auch die „Grundfeste" der Wahrheit. Das heißt, die Gemeinde ist die sichere und feste Grundlage, auf der die Wahrheit hier auf der Erde ruht. Die Wahrheit hat ihre wahre und ewige Grundlage in Christus. Aber Gott hat sie seiner Versammlung anvertraut, auf der sie eine Art Ruheplatz gefunden hat. Mit anderen Worten: Die Wahrheit ist heute nur in der Gemeinde Gottes zu finden, nicht in Religionen, in ihrem ganzen Umfang auch nicht in Einzelpersonen. Wir haben einander nötig, damit die Wahrheit auf uns ruhen kann. Gemeinsam stellen wir sie dar.

Wer also auf der Suche nach einem örtlichen Zusammenkommen von Gläubigen ist, wird prüfen, wo die biblische Wahrheit fest etabliert ist. Dazu drei Beispiele:

1. In Kolosser 1,18 wird der Herr Jesus das „Haupt des Leibes, der Versammlung" genannt. Diese

Wahrheit wird dann sichtbar, wenn man Christus so bekennt, wie Gott Ihn in seinem Wort vorstellt:

- als den ewigen Sohn Gottes (Johannes 1,1-18) und

- als wahren Menschen (Johannes 1,14);

- als eine Person, die jetzt als Mensch verherrlicht zur Rechten Gottes thront (Hebräer 8,1) und

- der einmal als Haupt sowie Herr der Herren und König der Könige über alles Geschaffene regieren wird (Epheser 1,22).

2. In 1. Petrus 2 spricht Petrus von einer allgemeinen Priesterschaft der Gläubigen. Wenn es aber nun in einer örtlichen christlichen Gruppierung *einen* Pastor gibt, der den Gottesdienst durchführt, ist dieser Teil der Wahrheit offenbar nicht realisiert.

3. In 1. Korinther 11 schreibt Paulus, dass das Abendmahl ein wesentlicher Bestandteil der Zusammenkünfte der örtlichen Gemeinde ist. Wenn heute aber in einer christlichen Gruppierung zum Beispiel nur zweimal im Jahr das Mahl des Herrn stattfindet, wird dieser Teil der Wahrheit nicht sichtbar gemacht.

Diese Beispiele sollen verdeutlichen, wie wichtig es ist, dass die Geschwister, die an einem Ort zusammenkommen, die Lehre des Wortes Gottes ohne Abstriche berücksichtigen. Nur so wird sichtbar, dass die Wahrheit ganz praktisch auf ihnen ruht.

8. Die Gemeinde – gesehen als Herde

„Habt acht ... auf die ganze Herde, in der euch der Heilige Geist als Aufseher gesetzt hat, die Versammlung Gottes zu hüten, die er sich erworben hat durch das Blut seines Eigenen" (Apostelgeschichte 20,28).

Einen letzten bildhaften Ausdruck für die Kirche Gottes finden wir in Apostelgeschichte 20,28. Hier zeigt uns der Geist Gottes, dass die Gemeinde eine Herde ist. Als Herde bedarf sie der Hilfe und des Dienstes und darf zugleich die Fürsorge des großen Hirten genießen.

Paulus denkt in seiner Rede an die Ältesten aus der Versammlung in Ephesus offenbar an eine Schafherde. Schafe sind nicht in der Lage, sich selbst auf Dauer zu ernähren und die richtigen Weidestellen zu finden. So hat der Geist Gottes seiner Gemeinde gläubige Männer gegeben, die einen Aufseherdienst tun zum Wohlergehen der Gläubigen. Das ist Thema unseres nächsten Kapitels.

An dieser Stelle mag es genügen, darauf hinzuweisen, dass Gott uns zeigen möchte, dass die Gemeinde nicht souverän ist. Sie braucht Hilfe. Darin gleicht sie einer Schafherde. Wir haben einen liebenden Hirten im Himmel! Seine Hirtenliebe und -fürsorge strahlt bei diesem Bild der Herde hervor. Wir sind hilflos. Aber unser gütiger und lieber Retter sorgt dafür, dass alle Bedürfnisse gestillt werden. Ihm wollen wir vertrauen.

IV.   Gaben und Ämter in der Gemeinde

Im ersten Teil dieses Buches haben wir uns eine Reihe von grundsätzlichen Punkten zur Gemeinde angesehen. Im Folgenden geht es nun um eine Reihe praktischer Punkte zum Versammlungsleben. Wir haben schon gesehen, dass die Grundsätze über die Versammlung konkrete Konsequenzen für das Gemeindeleben haben. Diese praktische Relevanz wird in den folgenden Kapiteln noch deutlicher.

In diesem Kapitel wollen wir uns besonders mit den im Neuen Testament genannten Gaben oder Geschenken des Herrn an seine Gemeinde beschäftigen. Ein zweiter wichtiger Punkt sind die Ämter der örtlichen Gemeinde.

1.   Apostel und Propheten in der Gemeinde

„Und er [der nach seinem Tod am Kreuz auferstandene und verherrlichte Christus] hat die einen gegeben als Apostel und andere als Propheten" (Epheser 4,11).

Während das Haupt der Versammlung im Himmel ist, befindet sich die Versammlung selbst noch auf der Erde und hat die Aufgaben zu erfüllen, womit wir uns in den ersten Kapiteln befasst haben. Damit die Gemeinde gut gerüstet ist für die Aufgaben, hat der Herr Jesus ihr gläubige Männer als Gaben geschenkt, die sie belehren, versorgen und ihr helfen.

Die wichtigsten und grundlegenden Gaben sind die Apostel und Propheten. Diese sind deshalb so bedeutend, weil sie das Fundament jeder Belehrung gelegt haben. Dazu passt, dass sie die Verfasser der Schriften des Neuen Testaments sind.

Apostel waren vom Herrn Jesus begabte gläubige Männer, die den Herrn Jesus persönlich gesehen hatten (vgl. 1. Korinther 9,1). Der Herr hatte ihnen den direkten Auftrag gegeben, als seine Abgesandten (= Apostel) in die Welt auszugehen. Mit von Gott gegebener Autorität haben sie das Evangelium und die Wahrheit Gottes verkündigt. Gott gab ihnen durch dieses Amt der Apostelschaft eine besondere offizielle Autorität. Keine andere Gruppe von Dienern hat je eine vergleichbare Befugnis erhalten.

Zudem gab es „Zeichen des Apostels". Das waren Zeichen und Wunder und mächtige Taten (vgl. 2. Korinther 12,12), die bewiesen, dass diese Diener Apostel waren. Das heißt, Apostel haben Kranke geheilt und Wunder getan. Zudem hat Gott ihnen eine besondere Portion an Ausharren in Leiden geschenkt. Vermutlich gab es keine zweite Gruppe von Gläubigen, die so sehr angegriffen und verfolgt wurde wie die Apostel der ersten Zeit. Soweit wir wissen, sind alle Apostel bis auf Johannes als Märtyrer gestorben.

Die Apostel haben die christliche Grundlage gelegt (vgl. Epheser 2,20). Sie waren Augenzeugen des Herrn Jesus gewesen, entweder während seines Lebens auf der Erde wie die Zwölf (vgl. Apostelgeschichte 1,22) oder nachdem Er auferstanden und verherrlicht worden war wie Paulus (Galater 1,16).

Heute ist keine neue Grundlage der christlichen Wahrheit zu legen. Es gibt sie und sie besteht auch jetzt noch. Nach Kolosser 1,25 hat der Apostel Paulus das Wort Gottes vollendet. Zudem gibt es in der heutigen Zeit keine Menschen mehr, die Jesus Christus persönlich gesehen haben. All das zeigt deutlich, dass es heute keine Apostel mehr geben kann. Wenn eine Gemeinde dennoch behauptet, sie verfüge über Apostel oder „neue" Apostel mit apostolischer Autorität, befindet sie sich im Widerspruch zu Gottes Wort. Sie ist nicht vertrauenswürdig.

Neben den Aposteln gab es auch *Propheten*. Diese besaßen nicht dieselbe Art von Autorität wie die Apostel. Die Bedingung, Augenzeuge gewesen zu sein, galt für sie nicht. Beispiele dafür sind Judas und Silas (Apostelgeschichte 15,32) oder auch manche Schreiber des Neuen Testaments wie Markus und Lukas (vgl. Epheser 2,20). Der Herr benutzte auch sie, die in der alttestamentlichen Zeit unbekannte Wahrheit über die christlichen Segnungen und die Herrlichkeit der Gemeinde zu verkündigen (vgl. Epheser 3,5).

Noch einmal komme ich auf Kolosser 1,25 zu sprechen. Aus diesem Vers wissen wir, dass das Wort Gottes vollendet ist. Mit anderen Worten: Es kann keine neuen Offenbarungen mehr geben. Daher gibt es heute auch keine Propheten mehr. Ihr Dienst ist mit Abschluss des Wortes Gottes zu Ende gegangen. So gilt auch hier: Wenn eine Gemeinde davon spricht, bei ihr seien noch Propheten tätig, so steht das in direktem Widerspruch zu Gottes Wort.

Das heißt nicht, dass es heute keinen prophetischen Dienst mehr gibt. Das, was der Apostel Paulus in 1. Korinther 14,24.25 sagt, ist auch heute noch möglich: „Wenn aber alle weissagen, und irgendein Ungläubiger oder Unkundiger kommt herein, so wird er von allen überführt, von allen beurteilt; das Verborgene seines Herzens wird offenbar, und so, auf sein Angesicht fallend, wird er Gott anbeten und verkündigen, dass Gott wirklich unter euch ist."

In diesem Sinn wird auch heute noch die prophetische Gabe ausgeübt. Es ist ein Dienst des Wortes. Das heißt, Gottes Wort wird gelesen und auf die aktuellen Umstände im Leben der anwesenden Zuhörer angewendet. Um diesen Dienst in Gott gemäßer Weise auszuführen, ist es nötig, dass der Redner nicht nur gläubig ist, sondern in wirklicher praktischer Gemeinschaft mit Gott lebt. Nur so kann Gott ihn durch den Heiligen Geist anleiten, die konkreten Bedürfnisse der Zuhörer anzusprechen. Grundlage dieses Dienstes ist immer das geschriebene Wort Gottes.

2. Evangelisten, Hirten und Lehrer in der Gemeinde

„Und er [der nach seinem Tod am Kreuz auferstandene und verherrlichte Christus] hat ... gegeben andere als Evangelisten und andere als Hirten und Lehrer" (Epheser 4,11).

Der Apostel Paulus nennt im Epheserbrief neben den Anfangsgaben noch drei weitere Geschenke des Herrn an seine Gemeinde:

* *Evangelisten* sind vom Herrn Jesus begnadete Männer (Brüder)[3], die der Herr dafür benutzt, die gute Botschaft vom Kreuz an ungläubige und gläubige Menschen zu verkündigen. Diese Botschaft kann man besonders im Römerbrief nachlesen. Lukas schreibt in der Apostelgeschichte von Evangelisten. Philippus zum Beispiel war einer davon (Kap. 21,8).

* *Hirten* sind vom Herrn Jesus begabte Brüder, die sich speziell um einzelne Gläubige kümmern. Sie

---

3 Bei diesen drei Gaben, die der Apostel Paulus hier nennt, handelt es sich, wie bei den Aposteln und Propheten, um gläubige Männer und nicht um gläubige Frauen. Gott möchte nicht, dass Frauen (öffentlich) predigen. Zudem gilt, dass eine Frau nicht lehren und Autorität über Männer ausüben darf (1. Timotheus 2,12). Es verwundert daher auch nicht, dass wir keine einzige gläubige Frau im Neuen Testament finden, die als Evangelistin, Hirtin oder Lehrerin (in diesem Sinn) bezeichnet wird. Gott gibt gläubigen Frauen viele wertvolle Dienste, auch die Teilnahme am Evangelium. Er spricht aber an dieser Stelle von ausgeprägten Gnadengaben für die Gemeinde als solche.

ermutigen, ermahnen und motivieren die Erlösten, ihr Leben für den Herrn Jesus zu leben.

- *Lehrer* sind von Christus befähigte gläubige Männer, die das vollendete Wort Gottes verkündigen, auslegen. Sie wenden die biblische Lehre auf das persönliche und gemeinschaftliche Glaubensleben an.

Diese Gaben gibt es bis heute. Denn auch heute gibt es noch viele ungläubige Menschen, denen die gute Botschaft verkündigt werden soll. Und wir Christen haben es nötig, uns die Grundwahrheit des Evangeliums immer wieder neu bewusst zu machen.

Für uns Christen ist es zudem wichtig, das Wort Gottes in seiner Reichhaltigkeit zu hören. Zugleich haben wir nötig, konkrete Belehrungen aus Gottes Wort für unser Leben aufzunehmen. Es ist jedoch auch wichtig, ganz persönlich immer wieder auf die richtige Lebensausrichtung und die gottgemäße Haltung in der Gemeinde hingewiesen zu werden. Das ist die Arbeit der Hirten und Lehrer.

Praktische Konsequenzen

Biblisch orientierte Gläubige werden somit den Dienst von Evangelisten, Hirten und Lehrern gerne annehmen. Sie beten für gläubige Männer, die solche Dienste tun, dass der Herr Jesus Christus ihnen Freude und

Kraft dazu schenkt. Dieser Dienst ist nicht auf einen Ort begrenzt, wie das bei den Ämtern (Aufseheramt, Diakonenamt) der Fall ist. Paulus zeigt in Epheser 4,12.16, dass diese Gaben der ganzen Kirche, dem ganzen Leib, geschenkt sind. Die Arbeit eines Dieners des Herrn, des Evangelisten, Hirten oder Lehrers, kann also nicht auf einen Ort „beschränkt" werden. Der Herr hat ihn begabt, damit er diese Gabe für die ganze Gemeinde ausüben kann. Das heißt nicht, dass jeder dieser Diener zum Beispiel räumlich uneingeschränkt tätig wird. Er ist auch in dieser Frage seinem Herrn persönlich verantwortlich.

Damit in Verbindung steht auch, dass der Herr Jesus und nur *Er* diese Diener in sein Arbeitsfeld beruft. Diener sind nicht in der Gemeinde oder bei irgendeiner menschlichen Organisation angestellt. Sie sind Mitarbeiter des Herrn, in seinem Arbeitsfeld, nicht Mitarbeiter einer Gemeinde oder Organisation. Der Herr Jesus hat sie berufen. Daher sind sie auch Ihm allein verantwortlich.

Gläubige, die auf der Grundlage der Bibel zusammenkommen wollen, werden daher nicht zulassen, dass Diener bei ihnen *angestellt* werden. Die Gemeinde und Christen ganz allgemein haben kein Recht, Diener zu berufen. Das tut ihr Herr bzw. der Heilige Geist (Apostelgeschichte 13,4). Die Bibel kennt daher keine Pastoren oder auch sonstige Dienststellen in der örtlichen Gemeinde. Eine Art Angestelltenverhältnis mit festgelegtem Gehalt von der Gemeinde ist der Schrift fremd. Ein solches Abhängigkeitsverhältnis von Menschen in geistlichen Dingen ist nicht der Wille Gottes.

3. Weitere Gaben in der Gemeinde

„Dem einen wird durch den Geist das Wort der Weisheit gegeben, einem anderen aber das Wort der Erkenntnis nach demselben Geist; einem anderen aber Glauben in demselben Geist ... einem anderen aber Unterscheidungen der Geister" (1. Korinther 12,8-11).

Die bislang erwähnten fünf Gaben stellen keine vollständige Liste der Befähigungen in der Gemeinde dar. Das kann man daraus schließen, dass der Apostel Paulus in Epheser 4, 1. Korinther 12 und Römer 12 jeweils unterschiedliche Gaben nennt. Keine Liste ist vollständig. Sie zeigen vor allem die Vielfalt dessen, was der Herr geschenkt hat.

Wir haben anhand von Epheser 4 bereits gesehen, dass Gaben Personen sind, die der verherrlichte Christus seiner Gemeinde geschenkt hat. Sie haben das Ziel, die Versammlung geistlich wachsen zu lassen. Sie sollen daran mitarbeiten, dass die Gläubigen geistlich erwachsen werden.

Darüber hinaus gibt es viele weitere Gaben, durch die der Herr Jesus eine wunderbare Wirkung in der Gemeinde erzielen kann. Es gibt Gläubige, die in besonderer Weise mit Glauben begabt sind (1. Korinther 12,9). Damit ist nicht der rettende Glaube gemeint, der alle Erlösten kennzeichnet. Paulus spricht hier auch nicht vom täglichen Vertrauen und der Abhängigkeit von Gott, die leider oft nicht so ausgeprägt ist, wie sie sein sollte. Gläubige, denen der Geist Gottes die Gabe des Glaubens gegeben hat, überwinden Hindernisse im Leben innerhalb und außerhalb der Gemeinde.

Andere haben eine besondere Fähigkeit, aufkommende Geistesströmungen zu erkennen, bevor andere Geschwister dazu in der Lage sind. Sie können zwischen dem unterscheiden, was von Christus kommt, und dem, was eine andere Quelle besitzt (1. Korinther 12,10). Manche Kinder Gottes dienen den Gläubigen, indem sie an vielen Stellen Hilfeleistungen vollbringen (1. Korinther 12,28). Das ist ein Dienst, der leicht übersehen wird.

Es ist nicht möglich, jede einzelne Gnadengabe zu erwähnen und zu erklären, weil sich nirgendwo im Neuen Testament eine vollständige Auflistung findet. Dennoch empfehle ich, die genannten drei Abschnitte sorgfältig zu studieren, um gut zu verstehen, was für eine Vielfalt an Gnadengaben Gott seiner Gemeinde geschenkt hat. Wichtig ist auch, solche Dienste und Gaben, die von Gott selbst geschenkt werden und mit dem Wort Gottes übereinstimmen, dankbar anzunehmen. Eine örtliche Kirche wird sich daher nicht zwischen die Diener und den Herrn stellen, weil Er allein Autorität über die Diener hat. Andererseits wird sie ihre Aufgabe der Fürsorge und Wachsamkeit jedem Diener gegenüber wahrnehmen. Denn dieser ist und bleibt neben seinem Dienst ein Gläubiger in der örtlichen Versammlung Gottes und damit auch ein Glied am Leib Christi.

4. Exkurs: Sprachenreden und Wunderheilungen

„Und Gott hat einige in der Versammlung gesetzt: erstens Apostel ... dann Wunderkräfte, dann Gnadengaben der Heilungen, ... Arten von Sprachen" (1. Korinther 12,28).

Ein für viele Christen wichtiges Thema ist Sprachenreden, von manchen auch als Zungenreden[4] bezeichnet. In diesen Bereich gehören auch andere Wunderwirkungen und -heilungen. Diese Gaben gab Gott am Anfang der Christenheit. Paulus spricht im 1. Korintherbrief mehrfach davon. Auch in der Apostelgeschichte, in der die ersten Jahre der Gemeinde geschildert werden, finden wir mehrere Hinweise auf das Sprachenreden und auf Wunderwirkungen.

Es stellt sich die Frage, ob diese Gaben auch heute noch existieren können. Zunächst zum Sprachenreden.

Der Sinn des Sprachenredens

Wenn Markus, Lukas und Paulus vom Sprachenreden schreiben, beziehen sie sich auf tatsächlich gesprochene Sprachen. Diese Sprachen wurden von Gläubigen gesprochen, ohne dass sie diese Sprachen erlernt hatten

---

4 In der griechischen Sprache, in der das Neue Testament verfasst wurde, gibt es für Zunge und Sprache nur ein Wort. Daher sprechen manche von Zungenreden, andere von Sprachenreden.

(vgl. Apostelgeschichte 2,7.8; 4,13). Es handelt sich also um ein Sprachwunder (Apostelgeschichte 2,6.8-11).

Folgende Ziele verfolgte Gott mit der Gabe des Sprachenredens:

- In der Apostelgeschichte finden wir das Reden in Sprachen in den Kapiteln 2,6 ff; 10,46; 19,6. Dort ist es *Gottes Zeichen* dafür, dass Erlöste zur Versammlung zusammengefügt wurden (Kap. 2) bzw. zur Versammlung hinzugefügt wurden (Kap. 10: aus den Heiden; Kap. 19: Jünger des Johannes).

- Darüber hinaus benutzte Gott das Sprachenreden am Anfang dazu, „die großen Taten Gottes" in verschiedenen Sprachen als Zeugnis für Ungläubige zu verkündigen (Apostelgeschichte 2,11; 1. Korinther 14,22). Sie sollten erkennen, dass das neu eingeführte Christentum wirklich von Gott stammte. Es war keine Erfindung der Menschen.

- Gott wendete sich durch Christen, die in Sprachen redeten, besonders an die Juden. Die Israeliten besaßen einen alten, von Gott selbst angeordneten Gottesdienst. Wir finden ihn im Alten Testament in Einzelheiten erklärt. Aber jetzt sollten diese Juden verstehen lernen, dass ihr von Gott vorgeschriebener, jüdischer Gottesdienst durch den Tod und die Auferstehung Christi seine eigentliche Erfüllung gefunden hat und Gott etwas Neues begonnen hatte. Dazu ließ Gott ihnen das Evangelium verkündigen, damit sie wie Paulus Christen würden. Die Botschaft der Gnade war für sie etwas vollkommen Neues. Damit sie das Evangelium als von Gott kommendes Geschenk akzeptierten, bestätigte Er seine Verkündigung durch Wunderwirkungen und Sprachenreden. Das Sprachenreden selbst war für die Juden nicht unbekannt. Gott hatte es schon viele Jahrhunderte vorher angekündigt (vgl. Joel 3,1-5).

• Im 1. Korintherbrief fügt der Apostel Paulus noch eine weitere wichtige Belehrung im Blick auf die Ausübung der Sprachengabe an. Er führt in 1. Korinther 14,21 einen Vers aus Jesaja 28,11.12 an. Dadurch lernen wir, dass das Sprachenreden eigentlich sogar ein angekündigtes *Gericht für Israel* ist. Dieses Gericht äußerte sich zur Zeit der Apostel darin, dass sich Gott nun an die Nationen wendete. Nicht nur das: Von jetzt an war es nicht nur die hebräische Sprache, die „heilige" Sprache der Juden, mit der man Gott loben und preisen konnte. Das war von jetzt an in jeder „normalen" Sprache möglich. Die Gnade Gottes war heilbringend für alle Menschen erschienen (Titus 2,11). Warum nun gab es ein solches Gericht für Israel? Das Volk der Juden hatte seinen Messias abgelehnt. Sie hatten damit auch Gott verworfen, der Jesus Christus als König über sein Volk Israel auf die Erde gesandt hatte. Deshalb stellte Gott ihren Gottesdienst und sie als Volk beiseite (Matthäus 21,43).

Von nun an würde Er sich allen Nationen zuwenden (Matthäus 22,1-14). Dass jetzt dieser Zeitpunkt gekommen war, offenbarte Gott durch das Sprachenreden. Die Juden wussten nun, da sie Jesaja 28 gut kannten: Diese Gerichtsandrohung Gottes ist wahr geworden.

Gibt es das Sprachenreden heute noch?

Ist vor diesem Hintergrund das Sprachenreden heute noch notwendig? Die Antwort auf diese Frage lautet: Nein! Im Folgenden erkläre ich das kurz:

- Die Gemeinde Gottes ist ein- für allemal entstanden. Die Erlösten sind am Pfingsttag nach dem Tod und der Himmelfahrt Jesu zu dieser *einen Gemeinde* zusammengefügt worden. Heute wird jeder, der zum Glauben an den Herrn Jesus kommt, dieser einen Kirche hinzugefügt. Aber es entsteht jetzt nichts Neues mehr.

- Eine solche Bestätigung des damals Neuen, des Christentums, ist somit heute nicht mehr nötig. Denn aktuell gibt es in diesem Sinn nichts Neues mehr. Außer den Juden hatte niemand einen von Gott gegebenen Gottesdienst.

- Nun mag man einwenden: Es gibt doch Gegenden, in denen das Evangelium bis heute nicht verkündigt worden ist. Wenn nun diese gute Botschaft das erste Mal gepredigt wird, kann Gott das nicht durch ein solches Wunder des Sprachenredens bestätigen? Tatsächlich ist Gott souverän in dem, was Er tut. Aber wenn man den Sinn und die Notwendigkeit des Sprachenredens überdenkt, wie wir es gerade getan haben, wird deutlich: Die Sprachengabe in diesen Gegenden ist nicht notwendig. Diese Einwohner „neuer Gegenden" stammen aus dem Heidentum. Sie müssen nicht von einem früher von Gott gegebenen Gottesdienst befreit werden, sondern von ihren heidnischen, dämonischen Religionen. Dafür ist eine solche Sprachengabe nicht nötig. Denn das, was sie praktizierten, war ohnehin nicht von Gott. Das Christentum selbst dagegen ist inzwischen 2.000 Jahre alt. Es muss daher nicht mehr mit Zeichen von Gott bestätigt werden.

- Zudem hat Gott bereits am Anfang der christlichen Zeit gezeigt, dass Er das Judentum (für eine Zeit) beiseitesetzt. Das hat sich bis heute nicht geändert. Und in der heutigen Zeit gibt es in dieser Hinsicht keine Änderung mehr im Handeln Gottes mit der Erde oder mit einzelnen Gruppen von Menschen. Daher bedarf es keiner Bestätigung von etwas Neuem.

Dieser Gedankengang wird dadurch unterstützt, dass Paulus in 1. Korinther 13,8 davon spricht, dass die Sprachen „aufhören" würden. Die Bedeutung dieses

Wortes im griechischen Grundtext ist: „nach und nach abklingen". Schon die Korinther konnten somit erwarten, dass das Sprachenreden aufhört.

Die Schrift selbst liefert uns allerdings keinen Hinweis, *wann genau* dieses Sprachenreden aufgehört hat. Und doch macht der Apostel einen deutlichen Unterschied zwischen dem Dienst der Weissagung sowie der Erkenntnis und dem Sprachenreden. In 1. Korinther 13 erwähnt er ja diese beiden anderen Gaben ebenfalls. Er zeigt, dass sie für die heutige Zeit gegeben worden sind, in der wir „stückweise" erkennen. Das hört schlagartig mit der Entrückung durch das aktive Eingreifen Gottes auf. Daher wundert es uns nicht, dass Paulus im Blick auf Weissagung und Erkenntnis ein Wort benutzt, das eine Aktivität von außen voraussetzt: Sie werden „weggetan" werden. Aber das Sprachenreden würde wie ein Bach, der von selbst versiegt, abklingen.

Nicht von ungefähr finden wir in den späteren Briefen des Apostels Paulus keinen einzigen Hinweis mehr auf das Vorhandensein von Sprachenreden. Er geht auf dieses Thema an keiner anderen Stelle mehr ein. Nur im 1. Korintherbrief wird diese Gabe in den neutestamentlichen Briefen überhaupt erwähnt. Wir brauchen uns daher nicht zu wundern, dass es heute keine Sprachengabe mehr gibt.[5]

5 Nun mag jemand einwenden: Aber in Korinth (und vermutlich auch an anderen Orten) wurde das Sprachenreden doch auch nicht nur für ungläubige Juden eingesetzt. Das stimmt, war aber durch Gottes Gnade gewissermaßen ein Nebeneffekt des Hauptzwecks an Juden. Gott ließ den Segen dieser Wunderwirkungen am Anfang der christlichen Zeit als besondere Machterweisung über die eigentlichen Grenzen des Zwecks hinausgehen (vgl. Hebräer 2,4). Nach einer Übergangszeit

Es ist daher auch nicht erstaunlich, dass der Schreiber des Hebräerbriefs schon vor dem Jahr 70 nach Christus in der Vergangenheitsform von solchen Wunderwirkungen spricht. Dort liest man, dass in der *Anfangszeit* Gott durch Zeichen und Wunder und Wunderwerke *mitzeugte* (Hebräer 2,3.4). Das waren zum Beispiel die plötzliche Heilung von Krankheiten (beim Überschatten eines Kranken durch die Apostel erfolgte die Gesundung, Apostelgeschichte 5,15; 19,11.12. usw.) und das Sprachenreden, das sich jeder menschlichen Erklärung entzog. Schon in der Zeit, in welcher der Hebräerbrief geschrieben wurde, waren diese Wunderwirkungen offensichtlich nicht mehr existent.

Von Anfang an Begrenzung des Sprachenredens

Was das Sprachenreden betrifft, ergänzt der Apostel Paulus in 1. Korinther 14,22, dass es sich an Ungläubige richtete, nicht an Gläubige. Zudem durfte diese Gabe selbst in der Anfangszeit nicht übermäßig in den Zusammenkommen eingesetzt werden. Maximal drei Männer (keine Schwestern, vgl. V. 34 bis 36) durften diese Gabe während einer Zusammenkunft ausüben (V. 27). Es gab noch eine weitere Bedingung: Es muss-

---

war dieses Ziel erreicht, nämlich den Juden deutlich zu machen, dass das Neue von Gott kam, und sie zugleich daran zu erinnern, dass dies eine Zucht Gottes darstellte. „Natürlicherweise" ließ Gott dann auch den über den eigentlichen Zweck hinausgehenden Segen für Gläubige aus den Nationen abklingen, wie ein Bach versickert, der keine neue „Nahrung" durch Wasser bekommt.

te ein Ausleger vorhanden sein, der das Gesprochene übersetzte und in der Landessprache erklärte (V. 28).

Das zeigt, wie sehr Gott das Ausüben dieser Gabe von Anfang an einschränkte. Es macht zudem deutlich, dass es sich um echte Sprachen gehandelt haben muss und nicht um ein Lallen ohne nachvollziehbaren Inhalt (vgl. auch Apostelgeschichte 2,8).[6] Schließlich wird dadurch deutlich, dass nicht nur heute viele Christen fasziniert sind von dieser Gabe. Das war von Anfang an der Fall. Aber der Apostel macht schon in seinem Brief an die Korinther deutlich, dass die Sprachengabe anderen Geistesgaben untergeordnet ist. Denn in den Aufzählungen, die Paulus in 1. Korinther 12 nennt, kommt sie immer am Ende vor.

Wunderwirkungen gehören eigentlich zu einer anderen Zeit

Noch ein Wort zu den sonstigen Wunderwirkungen. Wir lesen davon, dass die Apostel in der Anfangszeit kranke und gestorbene Menschen wieder gesund bzw. leben-

---

6 Ist die Tatsache, dass man die Sprachengabe heute gar nicht verstehen und übersetzen kann, vielleicht der Grund, dass man lieber von einer „Zungengabe" spricht? Die Bewegung einer Zunge kann man nicht unbedingt verstehen. Aber sowohl im Hebräischen als auch im Griechischen wird dasselbe Wort für Zunge und Sprache benutzt, weil man eine Sprache nur mit der Zunge artikulieren kann. Gott hat bei der Sprachengabe nie an eine spezielle Begabung der Zunge gedacht, die unverständlich für andere ist. Die Vorkommen im Neuen Testament beweisen das Gegenteil.

dig machen konnten. Das waren Wunderwirkungen in der Kraft des Heiligen Geistes und durch den Namen des Herrn Jesus (vgl. unter anderem Apostelgeschichte 3,1 ff.; 9,32-43; 20,9 ff.; 28,8 ff.).

Aus Hebräer 2,3.4 haben wir schon abgeleitet, dass es solche Wundergaben in der Anfangszeit des Christentums gab. Im weiteren Verlauf des Briefes zeigt der Schreiber dann, dass diese Wirkungen eigentlich zu einer ganz anderen, nämlich zu einer zukünftigen Zeitepoche, dem „zukünftigen Zeitalter" gehören (Hebräer 6,5).

Damit ist das Königreich gemeint, das der Herr Jesus in großer Herrlichkeit auf dieser Erde im 1.000-jährigen Reich aufrichten wird. So waren die Wunderwirkungen am Anfang der christlichen Zeit ein Vorgeschmack dessen, was im Friedensreich Wirklichkeit werden wird.

Gott hatte die Wundergaben dennoch zu Beginn der christlichen Zeit gegeben. Er wollte, wie wir schon im Blick auf die Sprachengabe erkennen konnten, den Juden eine Bestätigung des Werkes Gottes schenken (1. Korinther 1,22). So war es ihnen möglich, zu akzeptieren, dass das Christentum keine menschliche Erfindung ist, sondern von Gott kommt. Aber diese Wundergaben gab Gott wie das Sprachenreden nur für eine kurze Zeit und auch nur im Blick auf das Volk Israel und Ungläubige.

Deshalb wundern wir uns nicht, dass wir in den späteren Briefen des Apostels Paulus keinen Hinweis auf das Vorhandensein solcher Wunderwirkungen finden. Das betrifft nicht nur das Sprachenreden, sondern auch die Wunder durch die Hände der Apostel. Und das trifft sowohl auf seine Briefe aus der ersten Gefangenschaft zu (Epheser-, Kolosser-, Philemon- und Philipperbrief) als auch auf alle anderen Briefe, auch der anderen Schreiber. Das unterstreicht noch einmal, dass diese Gaben schon sehr schnell aufgehört haben und von Christen nicht mehr ausgeübt wurden.

Wir lesen im Übrigen auch an keiner Stelle, dass die Apostel sich oder ihre Mitarbeiter durch solch eine Gabe, die sie besaßen, geheilt hätten. Epaphroditus beispielsweise, ein enger Mitarbeiter des Apostels Paulus, wurde schwer krank. Aber Paulus benutzte seine Gabe der Wunderheilungen nicht, um ihn wieder gesund zu machen (vgl. Philipper 2,26.27). Offensichtlich wurde die Gabe gerade im Blick auf die Verbreitung des Evangeliums benutzt.

Zusammenfassung

Alles in allem kann man somit sagen: Wo immer man heute das Sprachenreden oder auch Wundergaben findet, muss man davon ausgehen, dass sie nicht von „oben" kommen. Sie können nicht vom Heiligen Geist gewirkt sein. Weder Timotheus noch andere Diener werden von Paulus oder Petrus aufgefordert, durch Sprachenreden oder Wunderheilungen aktiv zu werden. Sie sollen schlicht an das gesprochene und geschriebene Wort Gottes erinnern. Sie und andere werden durchaus ermahnt, ihren Dienst zu erfüllen (1. Timotheus 4,14;

Kolosser 4,17). Aber von Sprachenreden und Wunderwirkungen ist keine Rede.

Manche gehen so weit, dass sie meinen, dass diese Wirkungen „von unten" kommen, also von Satan. Aber auch hier ist Vorsicht angebracht. Nicht alles das, was nicht durch den Heiligen Geist bewirkt ist, ist dadurch automatisch dämonisch. Wie auch in unserem eigenen Leben können viele menschliche Elemente eine Rolle spielen. Wichtig ist, dass wir erkennen, ob etwas von Gott kommt. Diese Wunder gehören heute nicht mehr dazu.

Einer der Kirchenväter, Johannes Chrysostomos (349 oder 344–407), gibt zudem ein interessantes historisches Zeugnis in seiner Betrachtung über 1. Korinther 12,1.2: „Dieser ganze Abschnitt ist sehr dunkel, aber die Dunkelheit beruht auf unserer Unkenntnis der hier genannten Dinge, da sie aufgehört haben. Sie kamen damals vor, aber geschehen heute nicht mehr." Ein anderer Kirchenvater, Augustinus von Hippo bzw. Aurelius Augustinus (354–430), schreibt: „In der frühesten Zeit fiel der Heilige Geist auf sie und sie redeten in fremden Sprachen, die sie nicht gelernt hatten, so wie der Geist ihnen auszusprechen gab. Dies waren Zeichen, die zu jener Zeit passten. Denn es war notwendig, dass der Heilige Geist in allen Sprachen ein Zeichen gab, dass das Evangelium nun in allen Sprachen bis an die Enden der Erde laufen sollte. Das geschah als ein Zeichen, aber es ist nun längst entschwunden."

Zudem gibt es regelmäßig Zweifel, ob die Wunderheilungen, von denen heute berichtet wird, echte

Wunder und von Dauer sind. Schon oft ist nachgewiesen worden, dass es sich lediglich um Scheinwunder handelt, die vorgetäuscht wurden. Es hat sich auch oft herausgestellt, dass es sich nur um eine vorübergehende Veränderung des Krankheitszustands eines Menschen handelte, die auch anders erklärbar war. In gleicher Weise ist das heutige „Sprachenreden" in der Regel nicht das Aussprechen einer gesprochenen, echten Sprache, sondern ein Lallen. Wir haben gesehen, dass das nichts mit dem zu tun hat, was wir im Neuen Testament über das Sprachenreden finden: eine echte Fremdsprache, die man sprechen kann, ohne sie gelernt zu haben.

In der christlichen Gemeinde heute haben diese Wundergaben keinen Platz mehr. Sie richteten sich an Ungläubige und waren für die erste Zeit vorgesehen, damit die für uns im 21. Jahrhundert kaum noch nachvollziehbaren Umwälzungen im Handeln Gottes mit Menschen von den Juden als von Gott kommend anerkannt werden konnten. Gott kann heute durch derartige Krafterweisungen kein „Ja" sagen zu der Zersplitterung der Christen in viele Einzelgruppen und zu unserem traurigen, geistlichen Zustand. Das heißt auch, dass eine christliche Gruppierung, in der das Sprachenreden praktiziert wird, sich nicht auf Gottes Wort berufen kann. Wer ein bibeltreues Zusammenkommen sucht, wird auf diesen Punkt achten.

5. Älteste oder Aufseher in der Gemeinde

„Habt acht auf euch selbst und auf die ganze Herde, in der euch der Heilige Geist als Aufseher gesetzt hat, die Gemeinde Gottes zu hüten" (Apostelgeschichte 20,28).

Neben den Gaben, die der ganzen Gemeinde geschenkt werden, gibt es noch sogenannte Ämter. Das sind Aufgaben, deren Ausübung an einen Ort und an eine örtliche Versammlung gebunden ist. Im Neuen Testament finden wir zwei solcher Ämter:

- Älteste oder Aufseher
- Diener oder Diakone

Aufseher und Älteste sind gläubige Männer in der örtlichen Gemeinde, die sich speziell um das geistliche Wohlergehen der Gläubigen am Ort kümmern. Sie führen Aufsicht, wie das Wort „Aufseher" sagt, und sie sind reife Christen, was uns der Begriff „Älteste" klarmacht.

Wenn diese Gläubigen Älteste genannt werden, wird besonders die Würde und Autorität der Personen betont. Wenn sie als Aufseher bezeichnet werden, werden ihre Arbeit und der Dienst, den sie ausüben, unterstrichen. Ihre Arbeit dient der von Gott gegebenen Ordnung in der örtlichen Gemeinde. Das ist ein wichtiges Thema in 1. Timotheus 3 und in Titus 1, wo der Apostel Paulus diesen Dienst nennt und die geistlichen Anforderungen aufzählt, die an die Ältesten gestellt werden.

An dieser Stelle ist mir vor allem wichtig, darauf hin-zuweisen, dass diese gläubigen Männer eine Arbeit „am Ort" tun. Ihr Aufgabenbereich gilt also nicht dem ganzen Leib Christi, sondern bezieht sich auf ihren Heimatort, an den der Geist Gottes sie als Aufseher ge-stellt hat (vgl. Titus 1,5). Sie investieren Zeit und Ener-gie, um den Gläubigen zu helfen, dem Herrn Jesus treu nachzufolgen.

Wer stellt Älteste an?

Es stellt sich die Frage, wer diese Ältesten „anstellt". Aus Apostelgeschichte 14,23 lernen wir, dass der *Apo-stel* Paulus Älteste auswählte und in den Dienst stell-te. Dazu konnte er auch Diener wie Titus *beauftragen* (Titus 1,5). Dennoch sollten diese Männer, die von den Aposteln oder ihren Abgesandten als Älteste bzw. Auf-seher ernannt worden waren, ihre Aufgabe nicht als aus Menschenhand kommend wahrnehmen. Deshalb spricht Paulus in dem oben zitierten Vers davon, dass der Heilige Geist es ist, der Ältesten ihren Platz in der örtlichen Gemeinde gibt. Sie stellen sich unter seine Führung.

Wie ist es nun heute? Sollte man heute noch Älteste in einer örtlichen Gemeinde anstellen? Um diese Frage zu beantworten, ist es nötig, sich die Unterschiede zwi-schen der damaligen Zeit und der heutigen vor Augen zu führen:

1. Es gibt heute keine Apostel mehr. Diese stehen also nicht mehr zur Verfügung, Älteste anzustellen. Damit gibt es „oberhalb" der Gemeinde keine Autorität auf der Erde, die ihr etwas beauftragen könnte. Damit ist ein Einsetzen von Ältesten „von oben" her heute nicht mehr möglich.

2. Die Gemeinde in der „Gründungszeit" konnte nicht auf das vollendete Wort Gottes zurückgreifen. Daher bedurfte sie besonderer Hilfestellungen wie angestellter Ältester, was die Ordnung am Ort betrifft. Wir haben dieses vollkommene und vollendete Wort in Händen. In der Bibel ist alles das vermerkt, was für die gesamte Zeit der Christen auf der Erde wichtig ist.

3. In der heutigen Zeit finden wir eine große Zersplitterung der Erlösten und somit viele verschiedene christliche Gruppen an den einzelnen Orten. Wer als Person Ältester, sagen wir „in Ephesus", eingesetzt wurde, war für alle Gläubigen in Ephesus zuständig. Er hatte nicht nur Verantwortung für einen Teil der Christen in einer von mehreren christlichen Gruppen. Wie aber soll in einer solchen Zersplitterung Ältestendienst an einem Ort „übergreifend" ausgeübt werden? Wenn man es versuchte, würde man letztlich alle

Trennungen ignorieren. Dadurch würde Gott weiter verunehrt.[7]

4. Nach wie vor gibt es gläubige Männer, die am Ort den *Ältestendienst* ausführen. Durch die Belehrungen des Neuen Testaments kennen wir ihre Aufgabe gut. Daher sind wir in der Lage, „die zu erkennen, die unter euch arbeiten und euch vorstehen im Herrn und euch zurechtweisen" (1. Thessalonicher 5,12). Ein solcher örtlicher Dienst ist nicht qua Amt auf alle Gläubigen in einer Stadt bezogen. Dennoch kann er an denen vollzogen werden, die die jeweiligen Ältesten kennen und mit denen sie durch die Zusammenkünfte und darüber hinaus verbunden ist.

Daher müssen wir einfach akzeptieren, dass es heute keine von Menschen angestellten Ältesten oder Aufseher mehr gibt.

---

7   Zur Zeit der Apostel gab es an manchen Orten wie zum Beispiel in Jerusalem so viele Gläubige, dass sie nicht alle auf einmal in einen Versammlungsraum passten. Zu dieser Zeit waren die von Gott ausgewählten Aufseher für alle Geschwister an einem Ort verantwortlich. Entscheidend war und ist nicht, ob sie sich in einem Raum oder an mehreren Stellen treffen. Solange sie von Lehre und Praxis miteinander praktische Gemeinschaft pflegten, war das nur eine räumliche Trennung. Sie hatte keinen Einfluss auf den Ältestendienst.

Biblisch orientierte Gläubige werden nicht versuchen, trotz fehlender Apostel Älteste im Sinne eines Amtes zu ernennen oder anzustellen. Aber das heißt nicht, dass sie jegliche Form der Leitung ablehnen. Denn bis heute gibt es gläubige Männer, die am Ort „arbeiten und vorstehen im Herrn" (vgl. 1. Thessalonicher 5,12; 1. Korinther 16,15.16). Das sind Gläubige, die einen Ältestendienst ausüben. Sie sind zwar nicht namentlich benannt worden. Aber sie besitzen durch ihr geistliches Verhalten eine moralische Autorität. Sie setzen Zeit und Energie ein, die Geschwister zu besuchen und sie in geistlicher Weise anzuleiten.

Mit anderen Worten: Ein Zusammenkommen auf der Grundlage der Schrift kennt auch heute noch Gläubige, die sich Zeit nehmen, die einzelnen Familien am Ort regelmäßig zu besuchen und einzuladen. Das Ziel dieses Dienstes besteht darin, die Erlösten zu ermuntern, zu ermahnen und zurechtzuweisen – immer auf Basis des Wortes Gottes und mit dem Ziel, die Herzen an den Herrn Jesus zu binden. Das ist und bleibt eine äußerst wertvolle Aufgabe.

6. Diener oder Diakone in der Gemeinde

„Seht euch nun um, Brüder, nach sieben Männern von euch, von gutem Zeugnis, voll Heiligen Geistes und

Weisheit, die wir über diese Aufgabe bestellen wollen [die Tische zu bedienen]" (Apostelgeschichte 6,3).

Neben dem Dienst der Ältesten spricht das Neue Testament auch vom Dienst der Diakone. Beide örtlichen Aufgaben werden in 1. Timotheus 3 und Philipper 1,1 zusammen genannt. Offenbar gibt es eine enge Verbindung zwischen beiden Aufgaben:

- Beide Ämter beschränken sich auf eine örtliche Gemeinde.

- In Bezug auf beide Ämter wird immer in der Mehrzahl gesprochen. Das heißt, es gab immer mehrere Älteste und mehrere Diakone an einem Ort.

Diakone sind gläubige Männer, die unter anderem „die Tische bedienen", sich also nach Apostelgeschichte 6,1-5 um die äußeren Bedürfnisse der Gläubigen am Ort kümmern. Wenn auch in diesem Kapitel das Wort „Diakon" fehlt, können wir doch aus der dort genannten Tätigkeit auf die Arbeit des Diakons schließen. An anderer Stelle wird dieser Titel nämlich mit entsprechenden äußeren Aufgaben verbunden. Diakone kümmern sich um:

- Bedürfnisse wie Nahrung und Getränke, Bekleidung, Wohnung, Finanzen

- Verwaltungsaufgaben usw.

Es versteht sich von selbst, dass im Blick auf diese Tätigkeiten in erster Linie arme, kranke und alte Geschwister bedacht werden. Nach 1. Timotheus 5 haben Diakone ein besonderes Augenmerk auf Witwen. Zu dieser Gruppe gehören heute sicher auch Waisen, Witwer und Alleinstehende.

Darüber hinaus geht es auch darum, die von den Gläubigen an einem Ort gegebenen finanziellen Mittel „des Wohltuns und Mitteilens" (Hebräer 13,16) Gott gemäß zu verwalten. Sie sollen an Personen oder Werke gehen, die diese Mittel nötig haben. Das Wohltun betrifft im weitesten Sinn die Armen. Das Mitteilen hat sicher besonders mit den Dienern des Herrn zu tun, die in seinem Werk tätig sind (vgl. Galater 6,6). Manche von ihnen haben ihren irdischen Beruf aufgegeben, um dem Herrn besser dienen zu können. Jedenfalls setzen sie ihre Zeit in besonderer Weise für den Dienst in der weltweiten Gemeinde ein.

Für den Diakonendienst brauchen diese gläubigen Männer viel Weisheit. Daher verwundert es nicht, dass der Apostel Paulus in 1. Timotheus 3 sehr hohe Anforderungen an diesen Dienst stellt. Das mag auf den ersten Blick überraschen, weil es sich in erster Linie um einen äußerlichen Dienst handelt. Man könnte meinen, dass man dafür kein geistliches Profil benötigt. Das Gegenteil ist der Fall. Denn alles, was wir als Christen tun, sollen wir geistlich ausführen. Der geistliche Umgang mit Materiellem ist oftmals eine besondere Herausforderung.

Der Herr Jesus möchte, dass auch dieser Dienst in Abhängigkeit von Ihm ausgeführt wird. Im Unterschied zu den Ältesten, die der Gemeinde vorstehen, handeln Diakone mehr im Auftrag der örtlichen Gemeinde und können daher zu diesem Dienst beauftragt werden (vgl. Apostelgeschichte 6,3.5). Das Neue Testament lässt in diesem Fall offen, auf was für einem Weg man diese Aufgaben übernimmt.

V. Die Zusammenkommen als Gemeinde

In diesem Teil wenden wir uns den verschiedenen Charakterzügen des Zusammenkommens *als Gemeinde* zu, die wir im Neuen Testament finden. Vielleicht kann man besser sagen, „Ausprägungen" von Zusammenkommen, weil diese zu Beginn der christlichen Zeit oftmals nicht so grundsätzlich voneinander getrennt waren, wie wir das heute kennen. Aus 1. Korinther 11,20.21 wissen wir beispielsweise, dass die Korinther ein „Liebesmahl", wo die Gläubigen zusammen waren, um miteinander Austausch zu pflegen sowie zu essen und zu trinken, mit dem Brotbrechen verbunden haben. Das wird schon aus dem Bericht über die ersten „christlichen" Erfahrungen in Apostelgeschichte 2,46 deutlich. Apostelgeschichte 20,7 zeugt davon, dass die Gläubigen in Troas anlässlich der Gegenwart des Apostels Paulus das Brotbrechen mit einem Zusammenkommen zur Erbauung bzw. geistlichen Belehrungen durch den Apostel verbunden haben.

Insgesamt lesen wir im Neuen Testament von mindestens vier verschiedenen Ausprägungen des Zusammenkommens im Namen des Herrn. Man versammelte sich in diesem Charakter

- zum Brotbrechen,
- zur Erbauung,
- zum Gebet und
- zur (Wieder-)Aufnahme in die Gemeinschaft bzw. zum Ausschluss.

Allgemein können wir Folgendes sagen: Immer dann, wenn die Gemeinde sich in dem Bewusstsein trifft, „in seinem Namen", also im Namen des Herrn, versammelt zu sein, handelt es sich um Zusammenkommen „als Gemeinde". Dazu gehört sicherlich, dass man sich bewusst ist, dass die örtliche Gemeinde keine unabhängige Gruppe darstellt, sondern die Darstellung der einen, weltweiten Gemeinde ist. Hinzu kommt, dass dieses Zusammensein keinen privaten Charakter trägt, sondern Versammlungscharakter (vgl. 1. Korinther 11,18.20-22). Diese Zusammenkünfte sollen unter der Autorität des Herrn und der Leitung des Geistes Gottes stattfinden.

1. Voraussetzungen für ein Zusammenkommen „als Gemeinde"

„Wenn ihr als [in] Versammlung zusammenkommt" (1. Korinther 11,18).

Gott hat kein abstraktes Gebilde „Gemeinde" geschaffen, das in der Realität nicht gesehen werden kann. Er möchte, dass diejenigen, die zu dieser Kirche Gottes gehören, sich kennen, sich lieben, sich helfen. Er wünscht auch, dass sie regelmäßig zusammenkommen. Das ist das, was die Bibel Zusammenkommen „als Gemeinde" nennt. Nachdem der Herr Jesus zu seinen Jüngern von der Gemeinde am Ort gesprochen hat, sagt Er: „Wo zwei oder drei versammelt sind in meinem Namen, da bin ich in ihrer Mitte" (Matthäus 18,20).

Nun stellt sich die Frage, ob man immer dann, wenn Christen sich treffen, von solch einer Art von Zusammenkunft sprechen kann. Oder anders gefragt: Wann kann man von einem Zusammenkommen „als Gemeinde" sprechen, bei dem Jesus Christus persönlich (allerdings nicht leibhaftig) in der Mitte ist?

Voraussetzungen

Ich nenne im Folgenden Voraussetzungen, die wir im Neuen Testament dafür finden:

1. Die Person des Herrn Jesus Christus steht im Mittelpunkt. Wenn Er wirklich „in der Mitte" der Versammelten sein soll, muss Er das Zentrum der Gemeindestunde sein. Von Ihm, dem Haupt des Leibes, muss alles ausgehen. Seine Gedanken und Absichten sollen zum Ausdruck kommen. Da Christus sich selbst offenbaren will, haben Eigenwille und Geltungsbedürfnis keinen Platz. Seine Person und sein Erlösungswerk sollen den Anwesenden größer und wichtiger werden (vgl. Matthäus 18,20).

2. Das heißt auch, dass nichts akzeptiert wird, was im Widerspruch zu den Belehrungen des Neuen Testaments über die Person des Herrn Jesus steht. Es wird daher auch keine Irrlehre über die Person Jesu Christi geduldet (vgl. 2. Joh 7-11).

Alles, was im Widerspruch zum Herrn Jesus steht, wie zum Beispiel auch Unmoral, kann dort nicht geduldet werden.

3. Sein Name, in dem wir uns versammeln, ist untrennbar mit seinem Erlösungswerk verbunden. Man liest beispielsweise in 1. Johannes 2,2: „Und er ist die Sühnung für unsere Sünden." Wenn man sich fragt, wodurch Sühnung bewirkt worden ist, wird deutlich: Es geschah durch das Werk Jesu am Kreuz. Das wird in Römer 3,25 klar: „Christus Jesus, den Gott dargestellt hat als ein Sühnmittel durch den Glauben an sein Blut." Es ist das Blut Christi, sein am Kreuz in den Tod gegebenes Leben, durch das Sühnung bewirkt worden ist. Dennoch ist dieses Werk Christi untrennbar mit seiner Person verbunden, mit seinem Namen. Dasselbe gilt für die Versöhnung (vgl. Kolosser 1,20; Römer 5,10). Daher verwundert es nicht, dass gerade mit dem Versagen der Korinther, das Böse aus ihrer Mitte wegzutun, das Erlösungswerk Christi verknüpft wird (1. Korinther 5,7.8). Wer also wissentlich falsche Lehren über das Werk Christi am Kreuz duldet, kann nicht „in seinem Namen" versammelt sein.

4. Darüber hinaus wird „Christus" direkt mit der Versammlung verbunden. In 1. Korinther 12,12 heißt es: „Denn so wie der Leib einer ist und viele Glieder hat, alle Glieder des Leibes aber, obgleich

viele, ein Leib sind: so auch der Christus." Hier benutzt Paulus den menschlichen Körper als Bild und vergleicht ihn mit der Gemeinde Gottes. So, wie der menschliche Körper aus vielen Gliedern besteht und zugleich eine vollkommene Einheit ist, gilt das auch für die Kirche. Christus ist hier somit der Name für die weltweite Gemeinde. Bereits in der Einleitung dieses Briefes zeigt der Apostel, dass das Anrufen der Person Christi ein wesentliches Kennzeichen der Versammlung Gottes ist (1. Korinther 1,2). Wer daher wissentlich im Widerspruch zu der biblischen Belehrung über die Versammlung Gottes am Ort und weltweit handelt, kann nicht für sich in Anspruch nehmen, „in seinem Namen" versammelt zu sein. Nicht von ungefähr wird dieser besondere Charakter des Zusammenkommens deshalb in 1. Korinther 11,18 ein Zusammenkommen „als Versammlung" genannt.

5. Um „als Gemeinde zusammenzukommen", genügt es darüber hinaus nicht, dass alle Erlösten an einem Ort zusammenkommen. Man muss bewusst den Charakter der *örtlichen Gemeinde* verwirklichen wollen. Das heißt, dass man nicht zu irgendeinem Zweck zusammenkommt, zum Beispiel zum gemeinsamen Abendessen. Wie schon weiter oben gesagt, geht es um den Versammlungscharakter, der deutlich werden sollte. Man muss die göttliche Belehrung über die

örtliche Versammlung verwirklichen und die Einheit des Geistes bewahren wollen.

6. Man unterstellt sich der wirksamen Kraft des Heiligen Geistes, der den Herrn Jesus verherrlicht (vgl. 1. Korinther 12,11). Dann kann man im Namen des Herrn Jesus versammelt sein (Matthäus 18,20). Der Geist Gottes, der in der Gemeinde wohnt (1. Korinther 3,16) ist frei, in den Zusammenkünften die Gnadengaben zu benutzen, die Er will.

7. Das Neue Testament nennt uns eine Anzahl von Zusammenkommen „als Gemeinde" bzw. „in seinem Namen" (siehe die nun folgenden Kapitel). Eine örtliche Versammlung wird sie alle zu verwirklichen suchen.

8. Auch die Hinweise im Neuen Testament über die bildhaften Kennzeichen der Versammlung wie die Heiligkeit und Verantwortung im Haus Gottes sowie die Einheit und Vielfalt im Leib Christi wird eine Gemeinde, die „in seinem Namen" zusammenkommt, verwirklichen. Letztlich müssen alle Belehrungen des Neuen Testaments über das Zusammenkommen „als Versammlung" ohne Einschränkung verwirklicht werden.

Gott wünscht von uns, dass wir diese Punkte mit Entschiedenheit festhalten. Das ist die Voraussetzung, überhaupt „in seinem Namen" versammelt zu sein. Wir wollen aber darüber hinaus in diesen Zusammenkünften bewusst daran denken, dass der Herr Jesus in der Mitte ist. Er soll der Mittelpunkt unserer Gedanken, Empfindungen, Worte, Danksagungen, Belehrungen und Gebete sein. Wenn wir das dauerhaft aus den Augen verlieren, werden wir früher oder später auch die Grundsätze aufgeben.

2. Das Brotbrechen

„Am ersten Tag der Woche aber, als wir versammelt waren, um Brot zu brechen" (Apostelgeschichte 20,7).

Bei den Zusammenkünften als Gemeinde denken wir zunächst an das Brotbrechen. Nach Apostelgeschichte 2,42 war dieses am Anfang der christlichen Zeit geradezu prägend für die Versammlung in Jerusalem. Sie waren sogar täglich zusammen, um das Brot zu brechen, also das Abendmahl einzunehmen (V. 46).

Der Inhalt des Zusammenkommens

Folgenden „Inhalt" dieses Zusammenkommens finden wir in den Belehrungen des Neuen Testaments:

„Dies tut zu meinem Gedächtnis" (1. Korinther 11,24): Wir denken an den Herrn Jesus, der am Kreuz gestor-

ben ist. Deshalb sprechen manche Christen vom „Gedächtnismahl" des Herrn.

- „Sooft ihr dieses Brot esst und den Kelch trinkt, verkündigt ihr den Tod des Herrn, bis Er kommt" (1. Korinther 11,26): Wir *verkündigen den Tod* des Herrn, und zwar so lange, bis Er wiederkommt zur Entrückung. Im Himmel wird es das Abendmahl nicht mehr geben.

- „Der Kelch der Segnung, den wir segnen, ist er nicht die Gemeinschaft des Blutes des Christus? Das Brot, das wir brechen, ist es nicht die Gemeinschaft des Leibes des Christus?" (1. Korinther 10,16): Wir haben *Gemeinschaft mit dem auferstandenen und verherrlichten Christus* auf der Grundlage seines Erlösungswerkes am Kreuz auf Golgatha. Zugleich bekunden wir damit unser Teil an dem gestorbenen Christus.

- „Denn *ein* Brot, *ein* Leib sind wir, die Vielen, denn wir alle nehmen teil an dem *einen* Brot" (1. Korinther 10,17). Wir haben *Gemeinschaft miteinander* und drücken durch die Teilnahme an dem *einen* Brot die *weltweite* Einheit und Gemeinschaft der Glieder des Leibes aus.

- „Dieser Kelch ist der neue Bund in meinem Blut" (1. Korinther 11,25). Es fällt auf, dass in allen vier Berichten über das Mahl des Herrn (in den drei Evangelien und in 1. Korinther) der neue Bund erwähnt wird. Diesen neuen Bund schließt Gott in künftigen Zeiten mit dem Volk Israel (Jeremia 31,31). Warum wird dieser Punkt bei dem Gedächtnismahl erwähnt, bei dem es nicht um Israel geht? Auch wir Christen sollen nicht vergessen, dass der Herr sein irdisches Volk, das Volk Israel, nicht vergessen hat. Dieses Volk, das heute im Unglauben lebt, wird einmal von seinem bösen Weg umkehren. Gott wird sie als „sein Volk" annehmen. Und sie werden Christus als den Messias Gottes anerkennen. Darüber hinaus dürfen wir als Christen schon heute an den geistlichen Segnungen des neuen Bundes teilhaben.

Das zeigt: Das Brechen des Brotes und das Trinken vom Kelch stehen (äußerlich) im Mittelpunkt dieser Zusammenkunft. Besonders wünschte unser Retter, dass wir (innerlich) regelmäßig an Ihn und an sein Kreuzesleiden denken. Er wollte, dass wir das nicht individuell tun, sondern dass wir als Gläubige gemeinsam anbetend an seinen Tod denken.

Tisch des Herrn

Die Gemeinschaft beim Abendmahl pflegen wir mit allen, die am Tisch des Herrn teilnehmen. Das gilt örtlich und überörtlich. Der Apostel Paulus spricht ausdrücklich vom „Tisch des Herrn" (1. Korinther 10,21). Dieser Ausdruck steht im Gegensatz zum „Tisch der Dämonen". Damit ist natürlich kein materieller Tisch gemeint. „Tisch" steht für Gemeinschaft. Es geht also um eine Gemeinschaft, die mit dem Herrn Jesus verbunden und im *Gehorsam* Ihm gegenüber verwirklicht werden muss. Deshalb heißt es Tisch des *Herrn* und nicht Tisch *Christi*. Gemeinschaft bedeutet, etwas miteinander zu teilen, etwas gemeinsam zu haben. Bei dem Tisch des Herrn gedenken wir gemeinsam des Todes des Herrn und erfreuen uns gemeinsam der Liebe Gottes, des Vaters, und seines Sohnes, Jesus Christus. Wir haben gemeinsam Anteil an den Segnungen, die ein Ergebnis seines Todes sind und drücken diese Gemeinschaft durch das Trinken vom Kelch und das Essen vom Brot aus.

Es ist klar, dass solch eine Gemeinschaft nur dann verwirklicht werden kann, wenn man persönlich und in seinen Beziehungen (oder Verbindungen) moralisch und lehrmäßig rein ist. Gleichgültigkeit im Blick auf Böses oder die bewusste Duldung von Bösem stehen im Widerspruch zu der Person und dem Werk unseres Herrn Jesus Christus. So etwas dürfen wir mit Ihm nicht in Verbindung bringen.

Daher ist es auch so wichtig, dass wir wissen, *mit wem* wir diese praktische Gemeinschaft am Ort und auch darüber hinaus pflegen. Wenn wir wissentlich mit jemandem Brot brechen, der in Sünde lebt, zum Beispiel als Ehebrecher, Unzüchtiger, Dieb, usw., dann ist die Gemeinde verunreinigt. Damit sind alle diejenigen befleckt, die an dieser Gemeinschaft praktisch teilnehmen. Und wir alle beschmutzen dadurch den Namen des Herrn, an dessen Tisch wir versammelt sind. Das aber kann nicht der Wunsch erlöster Menschen sein, die Gemeinschaft mit dem Herrn Jesus und den Seinen pflegen wollen. Wenn wir Böses tolerieren, können wir nicht mehr als Gemeinde auf biblischer Grundlage zusammenkommen. Denn wie könnte sich der Herr, das Haupt des Leibes der Gemeinde, mit Sünde verbinden!?

Praktische Konsequenzen

Das Brotbrechen kann niemand für sich allein tun. Es ist eine Handlung der Gemeinschaft, die in Übereinstimmung mit der Heiligkeit dessen geschehen sollte, von dem das Brot ein Symbol ist: vom Herrn Jesus und der Versammlung Gottes. Keine Art des Bösen hat dort Platz. Jeder Gläubige, der am Abendmahl teilnimmt, sollte daher den Anforderungen des Herrn entsprechen bzw. ein Leben in Übereinstimmung mit dem Namen des Herrn führen. Wenn Personen, die in Sünde leben oder falsche Lehren vertreten, am Abendmahl teilnehmen können, kann man von dieser Gemeinde nicht sagen, dass sie „in seinem Namen" zusammenkommt. Auch in Zeiten geistlichen Niedergangs sind wir verpflichtet, die neutestamentlichen Belehrungen zu verwirklichen.

Zum Schluss möchte ich noch kurz darauf verweisen, dass es zum Ablauf des Zusammenkommens zum Brotbrechen fast keine Festlegungen in Gottes Wort gibt. Es ist klar, dass es *ein* Brot sein muss, von dem wir essen. Das betont der Apostel Paulus. Und auch von dem Kelch wird in der Einzahl gesprochen.

Darüber hinaus aber gibt es Freiheit, Dankes- und Anbetungslieder zu singen, Danksagungen und Anbetungsgebete auszusprechen sowie Bibelverse vorzulesen. Auch der in 1. Korinther 14 genannte Psalm (ein christlicher Lobgesang) hat hier seinen Platz. Wo Gottes Wort keine Anordnungen gibt, dürfen auch wir sie nicht vornehmen.

Die inhaltliche Ausrichtung beim Brotbrechen

Bedeutet dies, dass jeder tun oder lassen kann, was ihm persönlich gut erscheint? Natürlich nicht! Wir haben bereits gesehen, dass ein Charakteristikum der Versammlung Gottes darin besteht, dass der Heilige Geist, eine göttliche Person, in ihr wohnt. Und der Geist Gottes hat nach Johannes 16,14 ein Ziel: Christus zu verherrlichen. Einerseits ist Er die Gabe Gottes, von der Christus zu der Frau am Brunnen in Samaria spricht (Johannes 4,10). Andererseits ist Er zugleich derjenige, der die Anbetung des Vaters in Geist und Wahrheit „anstimmt" (Johannes 4,23).

Und was ist der Hauptinhalt der Anbetung: Christus selbst! Denn an wem hätte Gott, unser Vater, mehr Wohlgefallen als an dem eigenen Sohn? Mehrfach hat Er während des Lebens ausdrücklich sein Wohlgefallen am Herrn Jesus ausgerufen. Und genau das ist der zentrale Punkt der Anbetung. Wir finden das im Friedensopfer im Alten Testament vorbildlich ausgedrückt. Das Friedensopfer war das Opfer, wo zuerst Gott, dann aber

auch der Priester und auch der Opfernde Anteil beka-
men. Es ist ein schöner Hinweis auf das, was wir am
Tisch des Herrn verwirklichen dürfen:

- Wir bringen Gott Anbetung, der damit das Ihm zu-
  stehende, überragende Teil erhält.

- Der wahre Priester, Christus, erhält seinen Anteil
  (Hebräer 10,21).

- Zugleich haben wir als Opfernde Gemeinschaft mit
  Ihm und untereinander und erhalten ebenfalls ein
  Stück dieses Opfers.

Wie nannte Gott dieses Friedensopfer? Es war seine
„Speise" (3. Mose 3,11.16). Später nennt Er einmal die
Feueropfer „meine Speise" (4. Mose 28,2). Mit anderen
Worten: Wenn sich Gläubige heute versammeln, um
das Brot zu brechen, werden sie mit Christus beschäftigt sein und Gott, dem Vater, die Herrlichkeit des Herrn
anbetend vorstellen. Zugleich beten sie den Herrn Jesus an für das, was Er ist und getan hat. Das alles geschieht durch den Heiligen Geist und in seiner Kraft.

Das Zusammenkommen zum Brotbrechen ist sicher durch Ruhe geprägt. Man hat Zeit, über den Einen
nachzudenken, der sich Gott hingegeben hat und für
uns gestorben ist. Auch den Zeitrahmen gibt das Neue
Testament nicht vor. Wir freuen uns darauf, vom Heiligen Geist so geleitet zu werden, dass Christus in allem
verherrlicht wird.

In Apostelgeschichte 2,46 lesen wir, dass die Christen in der Anfangszeit täglich miteinander das Brot zum Gedächtnis Jesu brachen. Diese Zeit muss relativ kurz gewesen sein. Schon kurze Zeit später kam man offenbar nur noch am ersten Tag der Woche zum Brotbrechen zusammen (Apostelgeschichte 20,7; vgl. 1. Korinther 16,2). Es ist eine gute Gewohnheit, dabei zu bleiben, da wir im Wort Gottes keinen Hinweis auf eine andere, spätere Ordnung finden.

3. Die Erbauung der Gemeinde

„Was ist es nun, Brüder? Wenn ihr zusammenkommt, so hat jeder von euch einen Psalm, hat eine Lehre, hat eine Offenbarung, hat eine Sprache, hat eine Auslegung; alles geschehe zur Erbauung" (1. Korinther 14,26).

Eine zweite Ausprägung von Zusammenkommen „als Gemeinde" dient der Erbauung der Gemeinde. Ein langes Kapitel (1. Korinther 14) wird dieser Zusammenkunft gewidmet.

Das große Ziel dieses Zusammenkommens besteht darin, die örtliche Gemeinde zu erbauen. Das heißt, die örtliche Versammlung wird geistlich gestärkt. Gott möchte in diesem Zusammenkommen das Glaubensleben des Einzelnen und der Glaubensgeschwister gemeinsam (wieder neu) auf den Herrn Jesus Christus hinlenken und in der Wahrheit festigen. Dadurch werden wir motiviert, mit Herzensentschluss dieser einzigartigen Person nachzufolgen.

Mittel zur Erbauung

Dazu gibt es viele verschiedene Wege oder Mittel (vgl. 1. Korinther 14,26):

- *Ein Psalm*: Damit sind nicht die Psalmen aus dem alttestamentlichen Psalter gemeint. Diese Psalmen bilden zwar eine Schatzkammer für jeden Gläubigen, sie machen aber nicht die Segnungen zum Thema, die sich auf unseren gestorbenen, auferstandenen und verherrlichten Herrn sowie das Kommen des Heiligen Geistes auf die Erde gründen. Sie stehen teilweise sogar in direktem Gegensatz zur christlichen Stellung der Gläubigen, zu unseren christlichen Erfahrungen und zur Gewissheit, ewiges Leben zu besitzen (1. Johannes 5,13). Die Erbauung bezieht sich jedoch gerade auf den christlichen Glauben. Alles das, was typisch christlich ist, war in der alttestamentlichen Zeit nicht bekannt. Dazu gehört unter anderem das vollbrachte Erlösungswerk am Kreuz, die Verherrlichung Christi, das Herniederkommen des Heiligen Geistes, Heilsgewissheit, Rechtfertigung aus Glauben sowie die Bildung der Gemeinde Gottes. Dementsprechend weist „Psalm" hier auf ein geistliches, christliches Loblied für Gott hin, nicht auf eine Predigt über einen Psalm. Es ist ein Anbetungs-Gedicht, das zur Ehre Gottes von einem Bruder gesungen oder gesprochen bzw. den Gläubigen gemeinsam gesungen wird (vgl. Epheser 5,19)[8]. Das heißt übrigens nicht, dass wir nicht Teile der Psalmen – ob vertont oder nicht – als christliche Erfahrung kennen und in geistlichen Liedern verarbeiten können. Nur bezieht sich der Apostel an dieser Stelle nicht darauf.

- *Eine Lehre*: Ein Gläubiger stellt einen bestimmten Teil der göttlichen Wahrheit vor, einen Bibelabschnitt oder einzelne Verse aus dem Wort Gottes. Er erklärt diese Verse und wendet sie auf das Leben der Zuhörer an.

- *Eine Offenbarung*: In der Anfangszeit des Christentums war das Wort Gottes noch nicht vollendet (vgl. Kolosser 1,25). Daher hat Gott in der ersten Zeit gläubigen Männern während dieser Zusammenkünfte eine Offenbarung damals noch unbekannter Teile der Wahrheit geschenkt. Sie beziehen sich auf die persönliche und gemeinsame Stellung des Christen, wie sie im Alten Testament unbekannt war. Diese Offenbarungen sollten sofort weitergegeben werden. Offenbarungen gibt es heute nicht mehr, da Gottes Wort vollendet ist.

---

8 In 1. Korinther 14,26-33 geht es um Beiträge, die jeweils von einer Person vorgebracht werden (Lehre, Offenbarung, Sprache usw.). Daher bezieht sich auch das Einbringen eines Psalms offensichtlich auf das, was *ein* Bruder singt oder sagt.

- *Eine Sprache*: Wir haben schon auf Seite 78 gesehen, dass es diese Begabung heute nicht mehr gibt. Es ist heute nicht mehr nötig, eine nicht gelernte Fremdsprache zu reden und dabei geistliche Aussagen zu treffen.

- *Eine Auslegung*: Diese Gabe bestand damals in der Übersetzung und Auslegung der in einer (Fremd-) Sprache ausgedrückten geistlichen Äußerungen.

- *Eine Weissagung (Prophezeiung)*: Im Korintherbrief wird die Weissagung eng mit der Offenbarung verbunden, also dem Bekanntmachen damals noch nicht bekannter Teile der neutestamentlichen Wahrheit (vgl. 1. Korinther 14,6.29.30). Darüber hinaus finden wir, dass Weissagung in der Bibel das Vorhersagen zukünftiger Ereignisse ist (siehe das Buch der Offenbarung oder die alttestamentlichen Prophetenbücher). Zur Weissagung gehört auch die Enthüllung von Geschehnissen, die stattfanden, bevor der Mensch auf der Erde lebte. Wir können sie daher nicht aus Erfahrung wissen (zum Beispiel die Erschaffung der Welt, 1. Mose 1 und Jesaja 45,18 oder das Enthüllen des Falls Satans, Hesekiel 28,11-19).

  Diese Arten von Weissagung gibt es nicht mehr, da Gottes Wort vollendet worden ist. Jede Weissagung hat jedoch noch eine weitere Zielrichtung. Prophezeiung ist nämlich das Reden aus der persönlichen Gemeinschaft mit Gott heraus in die aktuellen Umstände der Zuhörer. Dadurch wird das Gewissen der Zuhörer angesprochen, auch wenn der Redner selbst deren konkrete Umstände nicht kennt (vgl. 1. Korinther 14,24.25).

Man nennt diese Art von Weissagung den „Dienst der Weissagung", der nach 1. Korinther 14,3 die anwesenden Geschwister erbaut, ermahnt und tröstet. Dieser Dienst fußt, genau wie die Lehre, auf dem Wort Gottes. Durch diesen Dienst wird der Zuhörer in das Licht des Wortes Gottes gestellt. Er erkennt, wo er sein Leben ändern oder was er für konkrete Entscheidungen treffen soll (vgl. V. 25; 1. Petrus 4,11).

Praktische Konsequenzen

Bis auf wenige Einschränkungen gibt es auch in diesem Zusammenkommen eine große Freiheit: Das Sprachenreden durfte nur unter gewissen Bedingungen stattfinden; die Frauen müssen in der Gemeinde, also in den Zusammenkünften, schweigen (1. Korinther 14,34-36); es soll nicht durcheinandergeredet werden, sondern nacheinander.

Ansonsten wird die Freiheit nicht eingeschränkt, auch wenn der Apostel Paulus das in Korinth offenbar vorhandene Gedränge um Beiträge nicht lobt (V. 26). Wir finden in diesem Kapitel beispielsweise nicht, dass Personen oder Themen für den Dienst am Wort vorab bestimmt werden sollen. Dasselbe gilt für Lieder und

Gebete, ihre Anzahl oder eine Reihenfolge. Der Geist Gottes schreibt auch nicht vor, womit eine solche Versammlung beginnen oder schließen muss. Christliche Freiheit ist dem Apostel Paulus unter der Leitung des Heiligen Geistes wichtig.

Das aber bedeutet nicht, dass wir tun und lassen könnten, was *wir* wollen. Der Geist Gottes möchte benutzen, wen *Er* will. Dieser Satz stammt zwar nicht aus unserem Kapitel, sondern aus 1. Korinther 12,11, wo er sich auf das grundsätzliche Schenken von Gnadengaben bezieht. Das gilt auch für die Ausübung dieser Gaben in den Zusammenkünften. Zudem darf man nicht übersehen, dass jeder Dienst unter der Autorität des Herrn ausgeführt werden soll (1. Korinther 12,5). Dass in Kapitel 14 der Heilige Geist und sein Wirken nicht direkt erwähnt werden, wird bei näherem Hinsehen klar: Paulus weist in diesem Abschnitt besonders darauf hin, dass die gläubigen Männer in Verantwortung vor Gott handeln und dabei ihren Verstand gebrauchen sollen. Der Apostel betont also mehr die menschliche Seite, deren göttliche Entsprechung die Leitung des Geistes ist.

Insgesamt kann man sagen, dass Christen, die sich nach Gottes Wort versammeln wollen, auch solche regelmäßigen Gelegenheiten kennen sollten, wo der Heilige Geist ohne vorherige menschliche Festlegung frei wirken kann. Gerade das ist der Charakter der christlichen Zeit und sollte sich daher auch in den Zusammenkünften wiederspiegeln. Ein Zusammenkommen, wo beispielsweise feststeht, wer (womöglich auch worüber) sprechen wird, hat nicht den geistlichen Charakter, von dem der Apostel in 1. Korinther 14 spricht. Dieser aber ist kennzeichnend für Zusammenkommen „in seinem Namen".

Das heißt nicht, dass solche Zusammenkünfte verwerflich wären. Im Gegenteil: Sie können sehr nützlich sein und sind eine Möglichkeit, die von Gott gegebenen Gaben zum Segen der Gläubigen auszuüben. Nur sind solche Versammlungen keine Zusammenkommen nach Matthäus 18,20.

4. Das Gebet

„Wenn zwei von euch auf der Erde übereinkommen werden über irgendeine Sache, welche sie auch erbitten mögen, so wird sie ihnen zuteil werden von meinem Vater, der in den Himmeln ist. Denn wo zwei oder drei versammelt sind in meinem Namen, da bin ich in ihrer Mitte" (Matthäus 18,19.20).

Im Neuen Testament lesen wir zudem davon, dass die Versammlung im Namen des Herrn Jesus zum Gebet zusammenkam. Die örtliche Versammlung trifft sich, um zu Gott, dem Vater, und zum Herrn Jesus Christus zu beten. Inhalt der Gebete umfassen Fragen, Gefahren und Probleme, die am Ort von Bedeutung sind. Darüber hinaus tritt die örtliche Gemeinde fürbittend für leidende Gläubige vor Gott ein (Apostelgeschichte 12). Weiter betet sie für Gläubige, die im Werk des Herrn tätig sind (Kolosser 4,3). Es geht der örtlichen Versammlung auch darum, von Gott die Gnade zu erbitten, dass sein ganzer Ratschluss von den einzelnen Gläubigen und auch von der Gemeinde genossen und ausgelebt wird (Epheser 1,16-19; 3,14 ff.). Die Gemeinde hat den Wunsch, dass das Evangelium in Kraft verkündigt wird.

Man hat die Gebetsversammlung das *Atmen der Gemeinde* genannt. Das ist insofern von Bedeutung, als gerade diese Zusammenkünfte leider zu den am wenigsten besuchten gehören. Hier zeigt sich, wie gut der geistliche Zustand eines örtlichen Zusammenkommens ist. Daher wollen wir uns neu motivieren, gerade diese Versammlung aufzusuchen.

Charakter der Gebete in der Gemeinde

Die Gebete dieses Zusammenkommens tragen folgenden Charakter:

- Wir finden im Neuen Testament nicht viele Beispiele für solche Gebetszusammenkünfte. Bei denjenigen, die genannt werden, werden gemeinschaftliche Bitten ausgesprochen (Apostelgeschichte 4,24-31; 12,5). Das heißt, dass Gebete im Allgemeinen in der „Wir-Form" ausgesprochen werden. Auch wenn wir der Form nicht zu viel Gewicht beimessen wollen, sollte jedem Betenden klar sein, dass es in einer gemeinsamen Gebetszeit nicht um seine ganz persönlichen Bitten geht. Es geht nicht um das eigene Leben, sondern um die Gemeinde und einzelne Glieder der Gemeinde Gottes. Man betet nicht für sich, sondern spricht für die Gemeinde. Das aber heißt nicht, dass nicht persönliche Herzensangelegenheiten zu Anliegen der ganzen örtlichen Gemeinde werden können.

- Einmütigkeit im Gebet ist sehr wichtig. Das wird aus dem oben zitierten Vers in Matthäus 18 deutlich. Die Geschwister sind „übereingekommen". Daher wird kein Beter bewusst Gebetsanliegen vortragen, die andere Anwesende provozieren. Wenn man weiß, dass es zu einem Punkt unterschiedliche Auffassungen gibt, wird man sie nicht ins öffentliche Gebet bringen. Wenn man es tut, muss das Gebet so formuliert werden, dass auch alle von Herzen „Amen" (Ja! So sei es!) sagen können.

- Gebete sind keine Informationsmittel in der Versammlung. Man will die anderen nicht mit einem Gebet über einen Gebetsgegenstand informieren. Ziel ist vielmehr, gemeinsam in Einmütigkeit und voller Vertrauen zu Gott zu beten. Daher kann es nützlich sein, am Anfang der Zusammenkunft Gebetsthemen bekanntzugeben.

Auch zur Gebetsstunde finden wir keine weiteren Festlegungen über Ablauf, Inhalte oder Länge der Gebete. Gott appelliert an die geistliche Einsicht der Gläubigen.

Manche lesen vor den Gebeten einige Bibelverse, andere nachher. Das ist nicht entscheidend. Wichtig ist, dass die örtliche Gemeinde das gemeinsame Gebet nicht vernachlässigt. Es ist äußerst bedenklich, wenn es in einer Versammlung überhaupt keine Gebetsstunde gibt. Sie ist nach Matthäus 18 und auch nach Apostelgeschichte 2,42; 4,23-31 und 12,5 elementarer Bestandteil der örtlichen Gemeinde. Das sollte auch heute noch so sein. Es geht nicht darum, dass diese Versammlung getrennt von anderen Zusammenkünften als separate Stunde stattfinden muss. Aber in der Schrift lesen wir deutlich davon, dass die örtliche Versammlung zum Gebet zusammenkam.

5. Aufnahme in die Gemeinschaft oder Ausschluss

„Wahrlich, ich sage euch: Was irgend ihr auf der Erde binden werdet, wird im Himmel gebunden sein, und was irgend ihr auf der Erde lösen werdet, wird im Himmel gelöst sein" (Matthäus 18,18).

Wir haben Matthäus 18,19 auf die allgemeinen Gebetszeiten der örtlichen Gemeinde bezogen. Der Zusammenhang aber zeigt, dass dieser Vers die Haltung zeigt, mit der Gläubige in die Gemeinschaft der örtlichen Gemeinde (wieder) aufgenommen werden bzw. aus ihr ausgeschlossen werden. Vers 18 zeigt nämlich die wichtige Aufgabe der örtlichen Versammlung,

Gläubige in die Gemeinschaft aufzunehmen bzw. von ihr auszuschließen.

Der Herr Jesus greift hier eine Redensart auf, die in Israel bekannt war. Binden und Lösen bedeutet, dass Menschen an Sünden gebunden bzw. von Sünden gelöst werden.[9] Genau das geschieht auch in der Gemeinde. Dort gibt es immer wieder Personen, die in ihrer Sünde verharren (Matthäus 18,15-17). Wenn sie in Sünde leben und nicht von der Sünde lassen wollen, muss die örtliche Versammlung solche Personen aus ihrer Gemeinschaft ausschließen. Andererseits kennen wir das Vorrecht, Menschen, die sich bekehren und gerne die Gemeinschaft der Gläubigen suchen, aufzunehmen.

Warum kann nun die örtliche Kirche Menschen aufnehmen (oder ausschließen)? Die Antwort ist: Weil Gott ihr die Kompetenz dazu gibt. Sie tut es nicht eigenmächtig, sondern in Abhängigkeit von Gott, dem Vater. Nach V. 19 ist sie eine betende Versammlung. Und letztlich ist sie deswegen zu solchen weitreichenden Maßnahmen befugt, weil sie zum Namen des Herrn Jesus versammelt ist (V. 20; 1. Korinther 5,4). Ihre Handlung des Aufnehmens und Ausschließens ist nicht nur an ihrem Ort, sondern „auf der Erde", d.h. weltweit, ja sogar „im Himmel" anerkannt.

---

9   Dass das Binden bedeutet, Sünde an jemanden zu binden, so dass er für alle als Böser erkannt wird, kann man aus Hosea 10,10 ableiten. Dort sagt der Prophet unter der Leitung Gottes: „Nach meiner Lust werde ich sie züchtigen, und Völker werden gegen sie versammelt werden, wenn ich sie an ihre beiden Sünden binden werde." Lösen bedeutet dann, die Sünde von jemand zu lösen, ihn also von einem sündigen Lebenswandel freizusprechen. So jemand kann wieder die praktische Gemeinschaft der örtlichen Gemeinde genießen.

Das verdeutlicht: Das Aufnehmen oder Ausschließen aus der Gemeinschaft ist keine Information, die den Gläubigen weitergegeben wird. Sie ist die Handlung der örtlichen Gemeinde. Sie kann aber nur handeln, wenn sie „als Versammlung" zusammen ist, „in seinem Namen". Daher ist es wichtig, sich immer wieder bewusst zu machen: Wenn wir aufnehmen oder ausschließen, sind wir „als Gemeinde" versammelt. Es handelt sich um eine Zusammenkunft in seinem Namen. Der Hinweis des Apostels in 1. Korinther 5,4 („wenn ihr und mein Geist mit der Kraft unseres Herrn Jesus versammelt seid") bezieht sich genau darauf und bestätigt, dass die örtliche Kirche nur dann „handeln" kann, als (wieder) aufnehmen und ausschließen aus der Gemeinschaft, wenn sie „als Gemeinde" versammelt ist. Das bedeutet nicht, wie wir gesehen haben, dass dazu ein separates Zusammenkommen angesetzt werden muss. Die heute vielfach vorgenommene scharfe Abgrenzung der verschiedenen Zusammenkommen gab es zu Beginn der christlichen Zeit so nicht.

6. Zusammenfassung

„Als sie aber angekommen waren und die Versammlung zusammengebracht hatten, erzählten sie alles, was Gott mit ihnen getan und dass er den Nationen eine Tür des Glaubens aufgetan habe" (Apostelgeschichte 14,27).

Am Anfang der christlichen Zeit waren die Gläubigen täglich zusammen (Apostelgeschichte 2,46). Das Zusammensein als Kirche Gottes besaß einen hohen Stellenwert. Die Gläubigen waren sich bewusst, was für ein großartiges Geschenk Gott ihnen gemacht hatte, sie als Gläubige nicht zu Einzelkämpfern zu machen, sondern in seine Kirche zu stellen, verbunden mit den anderen Gläubigen. Daher haben die ersten Christen es genossen, im Namen des Herrn zusammenzukommen.

Diese Lebensausrichtung finden wir auch noch nach den ersten Tagen. Im oben zitierten Vers lesen wir, dass Paulus und Barnabas die Gemeinde zusammenbrachten. Sie waren von ihrer ersten Missionsreise zurückgekehrt und erzählten nun den Geschwistern in Antiochien, wie der Herr in wunderbarer Weise gewirkt hatte. Das aber erzählten sie der ganzen Gemeinde.

Dafür wurde die Gemeinde „zusammengebracht". Es hat den Anschein, dass sie dafür „als Versammlung" zusammenkamen. Wir wollen das zum Anlass nehmen, die Frage von Zusammenkommen im Namen des Herrn Jesus nicht zu dogmatisch abzugrenzen. Um zwei Beispiele zu nennen:

- An manchen Orten kennt man so genannte „Demütigungsversammlungen". In solchen Zusammenkünften demütigen sich die Gläubigen angesichts des schlechten moralischen Zustands vor Gott. Anlass geben Sachverhalte bzw. konkrete Sünden, die inmitten der örtlichen Gemeinde aufgetreten sind.

- Es gibt Gebetszusammenkünfte, die unter ein ganz spezielles Thema gestellt wird, wie wir das in Apostelgeschichte 12,5 finden. Der Apostel Petrus war im Gefängnis, und die Gemeinde in Jerusalem wurde anscheinend außer der Reihe zusammengerufen, um für ihn zu beten.

Es ist schön, wenn sich eine örtliche Gemeinde in dieser Hinsicht „flexibel" erweist. Wir sollen die Wahrheit des Wortes Gottes unbeweglich festhalten. Aber Gott lässt manchmal Situationen zu, wo sich erweist, ob der praktische Glaube einer örtlichen Versammlung wirklich lebendig ist.

VI. Praktische Punkte im Blick auf die örtliche und weltweite Gemeinde

Es ist ein wunderbares Geschenk Gottes, dass die Erlösten ihr Glaubensleben nicht allein führen müssen. Gott hat uns in seine Gemeinde gestellt. Er hat uns das Vorrecht geschenkt, „als Versammlung", in seinem Namen zusammenzukommen. Wenn wir uns so versammeln, können wir uns auf die Verheißung des Herrn stützen und haben zugleich das Bewusstsein, dass Christus, unser Herr, persönlich in der Mitte ist. Der Herr hat uns noch mehr geschenkt: Überörtliche Dienste sowie Aufgaben in der örtlichen und weltweiten Gemeinde sind eine wichtige, von Gott geschenkte Hilfe für die Christen.

Einen wichtigen Punkt, der die Kirche Gottes betrifft, haben wir aber noch nicht überdacht: Wie sind örtliche und weltweite Versammlung miteinander verbunden? Sind das zwei verschiedene Dinge und Organismen? Was für eine Ordnung gibt es überhaupt in der weltweiten Gemeinde? Dieser Frage wollen wir uns in diesem Teil widmen.

Um diese Punkte richtig verstehen zu können, müssen wir berücksichtigen, dass es bis heute die *eine* Gemeinde weltweit gibt. Auch wenn diese weltweite Gemeinde nicht „sichtbar" ist für die Welt, ist der Gedanke an eine „unsichtbare Kirche" irreführend. Man denkt dann nur noch an örtliche Gemeinden und vergisst, dass diese örtlichen Gemeinden niemals autark existieren. Sie sind die Darstellung einer weltweit existierenden Gemeinde Gottes. Das Neue Testament zeigt uns diese universale Kirche als einen funktionsfähigen Organismus auf der Erde. Und seine Einheit soll auf dieser Erde auch dargestellt werden. Und das kann er auch.

Noch immer besteht die Kirche aus allen erlösten Christen. Es mag viele Zersplitterungen inmitten der Gläubigen geben. Aber auch wenn es (leider) viele Kirchen gibt, die in den Augen der Menschen alle nebeneinanderstehen, bleibt wahr, was der Apostel Paulus schrieb: „Da ist *ein* Leib" (Epheser 4,4). Das ist bis heute gültig. Denn Gottes Gedanken ändern sich nicht durch das Versagen des Menschen.

Wie aber soll man diese Einheit erkennen können, wo diese vielen Gläubigen in sehr viele verschiedene christliche Gruppierungen zersplittert sind? Es gibt die Römisch-Katholische Kirche, die Evangelische Kirche, die Baptisten, die Methodisten, die Mennoniten, die Freien evangelischen Gemeinden, die Evangelisch-freikirchlichen Gemeinden (Brüdergemeinden) usw. Vor diesem Hintergrund stellt sich die Frage: Wie kann man in diesem Wirrwarr, wie es von jedem Außenstehenden empfunden werden muss, gemeinsam mit anderen Christen genau das verwirklichen, was die *Bibel* „Gemeinde" nennt? Muss man dazu eine neue Versammlung gründen? Oder soll man versuchen, alle Gemeinden unter dem Dach einer Allianz zusammenzubinden? Wie also kann man die Anweisungen des Neuen Testaments in die Tat umsetzen?

1. Gibt es die „biblische Gemeinde" heute noch?

„Wenn ihr als [in] Versammlung zusammenkommt"
(1. Korinther 11,18).

Die vielen Gruppen, Kirchen, Versammlungen oder Gemeinden, die es heutzutage gibt, unterscheiden sich voneinander durch unterschiedliche Grundsätze, Namensgebungen und Schwerpunkte. Die meisten haben mehr oder weniger ihre eigene Identität. Niemand würde behaupten, dass sie untereinander volle Gemeinschaft pflegen und in diesem Sinn *eins* sind. Viele erkennen sich ein stückweit gegenseitig an, ohne dass man sich zu einem gemeinsamen Glaubensweg verbinden oder verpflichten möchte. Wir müssen uns fragen, ob wir auf diese Weise die Gedanken Gottes über seine Gemeinde verwirklichen können?

Die Antwort auf diese Frage kann nur sein: Das ist nicht möglich, da die Bibel nur von *der* Gemeinde, von dem *einen* Leib spricht. An keiner einzigen Stelle ist von einem Nebeneinander, unterschiedlicher Versammlungen die Rede. Diese Vielfalt, die oft mit den „vielen Wegen nach Rom" oder den bunten Blumen eines Blumenstraußes verglichen wird, ist nicht von Gott gewollt. Sie steht in direktem Widerspruch zu dem, was wir im Neuen Testament finden. Wenn wir darin lesen, dass „da *ein* Leib ist" (Epheser 4,4), können wir unmöglich sagen, viele verschiedene Gemeinden nebeneinander seien gut.

In Gottes Augen gibt es nur die *eine* Gemeinde, die Versammlung Gottes auf der Erde. Überall da, wo Gläubige sind, Glieder des Leibes Christi, gibt es auch örtliche Versammlungen. Sie umfassen alle Gläubigen am Ort und sind die örtliche Vergegenwärtigung des Leibes Christi oder der Versammlung Gottes. Gott will, dass sie sich an all den verschiedenen Orten nach denselben Grundsätzen ausrichten: nach seinem Wort (vgl. z. B. 1. Kor 1,2; 4,17; 7,17). Der Apostel legt gerade in dem Brief, in dem er die Ordnung der Kirche Gottes auf der Erde darlegt, sehr viel Wert darauf, dass die göttlichen Belehrungen zu jeder Zeit und an jedem Ort in gleicher Weise gelten. Kein Ort kann für sich in Anspruch nehmen, dass für ihn andere, spezielle Grundsätze gelten.

Wenn man verstanden hat, dass die weltweite Versammlung an den verschiedenen Orten eine örtliche Darstellung besitzt, kann man auch begreifen, dass man dann an diesen verschiedenen Orten auf *derselben* biblischen Grundlage zusammenkommen muss, wenn man die biblische Gemeinde darstellen möchte. Die Kultur mag in einzelnen Ländern unterschiedlich sein. Sitzordnung, Liederbuch und andere, mehr äußerliche Aspekte können verschieden gehandhabt werden. Aber die Gläubigen an allen Orten sollen nach biblischen Maßstäben handeln und zusammenkommen.

Tatsächlich ist im Neuen Testament verschiedentlich von einer „Vielfalt" bei der Gemeinde Gottes die Rede. Aber die Vielfalt der Glieder (1. Korinther 12,12) und die Vielfalt der Gnade für den einzelnen Gläubigen

(Epheser 4,7) beziehen sich nicht auf eine Vielfalt unterschiedlicher Gemeinden, sondern auf Einzelpersonen innerhalb des einen Leibes. Die Einheit dagegen bezieht sich auf den gesamten Leib, auf die eine Versammlung. Man spricht auch von ihrer korporativen Seite, weil es den gesamten Organismus betrifft. Sie wird in 1. Korinther 12 mit dem Bild des Leibes verbunden und in Epheser 2 mit dem Bild des Hauses Gottes.

Alle Gläubigen gehören zu der Gemeinde

Wir haben gesehen, dass es viele verschiedene christliche Gruppierungen an vielen Orten gibt. Daher kann *kein* Zusammenkommen an einem Ort behaupten, kann *keine* christliche Gruppierung sagen: *Wir* sind *die* biblische Gemeinde. Außerdem kann keine Gemeinde in biblischem Sinn sagen: „Wir sind eine biblische Gemeinde".

Dazu noch ein paar Ergänzungen: Wir haben schon gesehen, dass die Versammlung aus allen Gläubigen am Ort bzw. weltweit besteht. Mit anderen Worten: An den meisten Orten kommt leider jeweils nur ein Teil der Erlösten dieses Ortes an demselben „geistlichen Ort" zusammen, also in örtlichen Zusammenkommen, die volle Gemeinschaft miteinander pflegen. Es mag wenige kleinere Orte geben, wo das ausnahmsweise wirklich zutrifft. Wo das nicht der Fall ist, kann niemand sagen – selbst wenn dieses Zusammenkommen sich hundertprozentig nach dem Wort Gottes richtet –: „*Wir* sind die Gemeinde Gottes am Ort X." Aus der Sicht Gottes gehören nämlich *alle* Gläubigen am Ort zu seiner Kirche, unabhängig davon, wo sie sich versammeln. Von der menschlichen Seite aus, also was unsere Verantwortung betrifft, bleibt jedoch bestehen: Es muss möglich sein, auf der biblischen Grundlage der *einen Gemeinde* zusammenzukommen und auch erkennen zu können, wo das der Fall ist.

Wer anstrebt, auf biblischer Grundlage zusammenzukommen, wird sich als Gemeinde keinen speziellen Namen geben. Denn einen solchen konkretisierenden und damit einschränkenden Titel finden wir im Neuen Testament nicht. Dort ist nur die Rede von „der Gemeinde". Das aber bedeutet auch, dass man sich dann nicht als Gemeinde in dem Sinn versteht, dass die anderen Christen nicht mit dazugehörten.

Was soll man nun tun? Sich gar keiner Gemeinde mehr anschließen, um ja nichts falsch zu machen? Nein, das kann nicht Gottes Gedanke sein. Wenn Er uns in seine Gemeinde stellt – was für ein Segen! –, will Er uns nicht als isolierte Christen sehen. Oder soll man nicht so eng sein und einen gewissen Kompromiss eingehen, indem man sich einer Gemeinde anschließt, die am wenigsten von Gottes Gedanken über seine Gemeinde, wie wir oben gesehen haben, abweicht? Oder soll man eine neue Gemeinde „gründen"? Was soll man also tun?

Wie kann man sich im Wirrwarr der Gemeinden zurechtfinden?

Eine neue Gemeinde zu gründen, hört sich vielleicht gut an, kann aber nicht richtig sein. Im Neuen Testament finden wir an keiner Stelle die Aufforderung, eine neue Gemeinde zu gründen. Es gibt ja die Gemeinde Gottes seit dem Pfingsttag, der in Apostelgeschichte 2 genannt wird. Insofern kann man mit Bestimmtheit sagen: Jeder, der sagt, er habe eine göttliche Eingebung bekommen, eine neue Gemeinde zu gründen, steht im Widerspruch zur neutestamentlichen Lehre.

Gibt es denn nur diese beiden Möglichkeiten?

- In einer Gemeinde bleiben, die nicht auf der Basis der *einen*, biblischen Gemeinde zusammenkommt, oder

- eine neue „Versammlung" gründen?

Nein! Gottes Wort zeigt uns auch für die heutige Zeit einen Weg, der Ihm gefällt. Einen Hinweis dazu gibt Er durch den Apostel Paulus: Man kann sich mit denen zusammentun, die den Herrn aus reinem Herzen anrufen wollen (vgl. 2. Timotheus 2,22). Dazu ist es nicht nötig, eine neue Gemeinde zu „gründen": Man versammelt sich mit solchen Glaubensgeschwistern auf der Grundlage des Wortes Gottes wie am Anfang der christlichen Zeit. Man muss sich heute allerdings bewusstmachen, dass man im Unterschied zu damals nicht mehr *die* (ganze) *Orts*gemeinde ist. Wer Gottes Wort als Autorität benutzt, wird dann auch nicht vorgeben, *die örtliche Versammlung* zu sein. Der Herr Jesus hat vorausgesehen, dass es dahin kommen kann, dass nur noch sehr wenige Gläubige an einem Ort das verwirklichen (wollen). Daher spricht Er in Matthäus 18,20 von „zwei oder drei" und verlangt nicht „Hunderte" ... Es kommt somit nicht darauf an, mit vielen zusammenzukommen. Nicht das Streben nach Größe ist maßgebend, obwohl wir immer möglichst viele für einen biblischen Weg gewinnen wollen. Entscheidend ist, dass man sich nach Gottes Wort richtet.

Hilfreich ist dazu eine Unterscheidung, die wir im Neuen Testament finden. Dort unterscheiden die Apostel zwischen „der" örtlichen Versammlung (zum Beispiel in Korinth) und dem Zusammenkommen „als" Gemeinde (1. Korinther 1,2; 11,18). Das ist nicht dasselbe. Man kann im Charakter der örtlichen Gemeinde zusammenkommen, das ist die Bedeutung des Ausdrucks „als Gemeinde", ohne die gesamte örtliche Versammlung zu sein.

Was hat das für eine Konsequenz? Wenn Geschwister einfach auf diese Weise zusammenkommen, wie die Gläubigen das in der Anfangszeit getan haben, fügen sie keine neue Kirche zu den vielen bestehenden hinzu. Sie geben sich keinen Namen, wie das die ersten Christen auch nicht getan haben. Aber sie kommen auf der biblischen Grundlage der einen, universellen Gemeinde zusammen. Man besitzt keine eigene Identität außerhalb der des *einen* weltweiten Leibes, den man am Ort darstellen möchte (siehe auch die ausführliche Fragenbeantwortung auf Seite 182).

Solche Christen werden nicht sagen: „Wir sind die Versammlung in X (oder: Die Person Y ist zwar gläubig, gehört aber nicht zur Versammlung)." Sie werden anerkennen, dass es nur die eine örtliche Gemeinde gibt, die aus allen Gläubigen an diesem Ort besteht. Zugleich jedoch erkennen sie ihr eigenes Versagen und ihre Schwachheit an und stellen sich nicht über andere Christen.

Nun mag man mit Recht fragen: Wie werden solche Gläubige, das heißt das entsprechende Zusammenkommen, von außen wahrgenommen? Selbst wenn man keine eigene Identität sucht, die sich von der *einen* weltweiten Gemeinde unterscheidet, wird allein das Vorhandensein eines solchen örtlichen Zusammenkommens als eigene Gruppierung verstanden werden. Das lässt sich leider nicht vermeiden. Das liegt nicht zuletzt daran, dass es ja nicht isoliert ist, sondern auch feste Beziehungen zu Zusammenkommen pflegt, die in gleicher Weise zusammenkommen. Umso wichtiger ist es, sich selbst nicht als eine Gruppe oder ein System zu verstehen. Denn man kann durch unbiblische Ausdrücke und durch eine ungeistliche Gesinnung die grundsätzlich richtige Überzeugung eines solchen Zusammenkommens in Verruf bringen. Wie wichtig ist es daher, im Herzen und in der Praxis offen zu sein für alle aufrichtigen Kinder Gottes, welche die biblische Gemeinschaft der Gemeinde Gottes verwirklichen wollen.

Wenn das aufgegeben wird, ist eine neue christliche Gruppierung neben vielen anderen entstanden.

Als Gemeinde

Man kann sich also bis heute „als Gemeinde" versammeln, ohne den anmaßenden Anspruch haben zu müssen, *die* örtliche Gemeinde zu sein. „Als Versammlung" ist man dann versammelt, wenn man die neutestamentlichen Belehrungen über die Gemeinde und das Zusammenkommen der Gläubigen zu verwirklichen sucht. Das geht nur im Gehorsam Gottes Wort gegenüber. Man versammelt sich bewusst zum Herrn Jesus hin (Matthäus 18,20): Er ist der Mittelpunkt unseres Zusammenseins. Wer so zusammenkommen möchte, wird eine formale Mitgliedschaft in einer Gemeinde ablehnen. Denn im Neuen Testament gibt es außer der „Gliedschaft" an dem einen Leib keine Zugehörigkeit zu irgendeiner christlichen Gemeinschaft.

Die Konsequenz ist: Wer in einer Gemeinde Mitglied ist, wird sich überlegen, ob das mit der Lehre des Neuen Testaments übereinstimmt. Und wer auf der Suche nach dem biblischen Zusammenkommen ist, wird Gläubige suchen, die sich keinen Namen geben. Schon die Namensgebung zeigt, dass man sich eine eigene Identität neben der der einen, biblischen, weltweiten Kirche gegeben hat. Und fast immer folgt auf die Namensgebung auch das Ausformulieren bestimmter Glaubensbekenntnisse. Gott aber hat uns das ganze

Neue Testament gegeben, um es zu verwirklichen. Er möchte nicht, dass wir uns einzelne Punkte herausgreifen, so wichtig sie in sich selbst auch sein mögen.

Wer nimmt in die örtliche Gemeinde auf?

Am Schluss dieses Teils möchte ich noch erläutern, *wer* in die Gemeinschaft der örtlichen Gemeinde aufnimmt.

- kein Pastor: Wir haben schon gesehen, dass man einen solchen einzelnen Ortsvorsteher und Verantwortlichen gar nicht im Neuen Testament findet.

- kein Vorstand: Das würde bedeuten, dass die himmlische Gemeinde zu einer irdischen Institution geworden wäre. Sie gehört aber zum Himmel und trägt damit himmlischen Charakter (siehe Seite 33).

- keine gemischte (oder nicht gemischte) Vertreterschaft der örtlichen Kirche: Davon kann man im Neuen Testament nichts finden. Natürlich müssen Entscheidungen, die von der örtlichen Gemeinde getroffen werden, vorbereitet werden. Daher finden wir den Aufseherdienst (siehe Seite 90) oder den „Engel der Versammlung", wie Personen in den Gemeinden in Offenbarung 2 und 3 genannt werden. Hierbei handelt es sich um gläubige Männer, die Verantwortung in der örtlichen Gemeinde übernehmen. Aber solche Gläubige sind nicht befugt, in die Gemeinschaft der Versammlung aufzunehmen.

- kein Brüder- oder Ältestenrat. Eine gemeinsame Besprechung und das damit verbundene Gebet sind sehr wertvoll. Aber nochmal: Keine Brüderschaft hat Autorität, Gläubige in die Gemeinschaft der Versammlung aufzunehmen.

Sondern:

- alle Gläubigen am Ort, die sich im Namen des Herrn Jesus versammeln.

Wie kommt man zu dieser Schlussfolgerung? In 1. Korinther 5 und 10 lernen wir, dass Gott die ganze Versammlung dafür verantwortlich macht, mit wem sie Gemeinschaft übt. Aus 1. Korinther 5,4 und Matthäus 18,20 können wir dann ableiten, dass die örtliche Versammlung im Namen des Herrn Jesus versammelt sein muss, um solche Entscheidungen zu fällen. Denn nur die örtliche Versammlung hat die Entscheidungsbefugnis zum Binden und Lösen (Matthäus 18,18).

Auch heute kann man „in seinem Namen versammelt" sein (Matthäus 18,20). So kann man auch heute noch „als Versammlung" (1. Korinther 11,18) zusammenkommen, wenn man die biblischen Grundsätze der Versammlung Gottes verwirklicht. Wenn das möglich ist, kann man auch die damit in Verbindung stehenden Vorrechte und Verantwortlichkeiten wahrnehmen.

Denn die Versammlung ist auch dann beschlussfähig, wenn nicht alle Gläubigen, die zur örtlichen Versammlung gehören, anwesend sind (wie der Bundestag beschlussfähig ist, wenn er in diesem Charakter zusammenkommt, selbst wenn ein größerer Teil der Abgeordneten fehlt).

In diesem Sinn können die zwei oder drei, die sich an einem Ort zum Namen des Herrn Jesus versammeln, „binden" und „lösen" (Matthäus 18,18-20). Im „negativen" Fall (beim Ausschluss) finden wir ein interessantes Beispiel dafür: Als Paulus erkannte, dass ein Böser in der Mitte der Korinther war, forderte er die *Versammlung in Korinth* auf, mit diesem Mann, der schwer gesündigt hatte, zu handeln (1. Korinther 5,4.13). Und als der Mann später Buße getan hatte, verlangte er wieder von der *Versammlung in Korinth*, diesen Bruder aufzunehmen (2. Korinther 2,5-11). Deshalb spricht der Apostel mehrfach von „ihr" oder „ihr Korinther". Nicht einmal der Apostel hat sich das Recht genommen, diesen Ausschluss vorzunehmen.

So ist es bis heute. Es ist die örtliche Versammlung, das heißt konkret diejenigen, die in der Kraft des Herrn handeln, und zwar mit dem Herrn in ihrer Mitte. Dann werden sich diese Gläubigen nach den Anweisungen der Bibel versammeln und entsprechend handeln.

2. Was ist eigentlich die Beziehung der örtlichen zur weltweiten Gemeinde?

„Der Versammlung Gottes, die in Korinth ist ... samt allen, die an jedem Ort den Namen unseres Herrn Jesus Christus anrufen" (1. Korinther 1,2).

Gott hat die örtliche Gemeinde nicht isoliert an jeden Ort gestellt, sondern sie ist mit den Gemeinden an allen anderen Orten verbunden. Das wird durch die Ausdrucksweise des Apostels in 1. Korinther 12,27 deutlich: „Ihr [die Versammlung in Korinth] aber seid Christi Leib." In Epheser 4,12 wird die weltweite Kirche „der Leib des Christus" genannt. Wir sehen also, dass sowohl für die Gemeinde am Ort als auch für die weltweite Gemeinde der biblische Ausdruck „Leib" verwendet wird.

Mit anderen Worten: Wer zur örtlichen Gemeinde gehört, ist damit auch Glied am weltweiten Leib, der universellen Gemeinde. Wenn die örtliche Versammlung handelt, handelt damit auch die universelle Versammlung, denn die weltweite Kirche wird durch die örtliche Kirche dargestellt und vergegenwärtigt. Daher finden wir im Neuen Testament die Ausdrücke „Leib Christi", „Haus Gottes" (bzw. Tempel) sowohl weltweit als auch örtlich benutzt (siehe Seite 50). Die örtliche Gemeinde ist am Ort die „Repräsentantin" der weltweiten und besteht aus allen Erlösten dieses Ortes.

Man könnte auch sagen: Nur, weil es die weltweite Gemeinde gibt, kann eine örtliche Gemeinde existieren. Es ist die eine universelle Kirche, die Gott gegeben und mit allem ausgestattet hat, was sie nötig hat. Daher wird in Epheser 4,12.16, wenn es um die universelle Versammlung geht, zweimal der *bestimmte Artikel* genannt. Bei der örtlichen Gemeinde in Korinth – „Leib Christi" (1. Kor 12,27) – fehlt dagegen dieser Artikel. Denn diese Ortsgemeinden bilden nicht die weltweite Gemeinde. Es steht dort auch nicht: „Ihr seid *ein* Leib Christi". Sonst gäbe es viele Leiber, viele voneinander unabhängigen Gemeinden. Nein, wenn von einer örtlichen Gemeinde gesagt wird, dass sie Christi Leib ist, dann steht das Charakteristische der Gemeinde im Vordergrund. Die örtliche Gemeinde ist also nichts anderes als die weltweite Gemeinde, nur reduziert auf den entsprechenden Ort. Ohne die weltweite Gemeinde wäre sie nicht existent. Durch sie bekommt die örtliche Versammlung ihren Charakter, ihre Daseinsberechtigung.

Gott benutzt im Neuen Testament eine Ausdrucksweise, die wiederholt deutlich macht, dass die örtliche Gemeinde nichts anderes ist als die weltweite Gemeinde, aber beschränkt auf den einen Ort.

- In Matthäus 18,17 spricht der Herr Jesus durch den Geist Gottes von der örtlichen Versammlung, ohne die Versammlung neu zu definieren. Bereits in Matthäus 16 hatte Er zu Petrus von der Versammlung unter dem globalen Aspekt gesprochen. In Kapitel 18 geht es aber um die örtliche Versammlung. Da sie die universelle Versammlung repräsentiert, braucht der Herr an dieser Stelle nichts weiter zu erklären.

- In Apostelgeschichte 20,28 wechselt der Apostel Paulus in einem Satz die Perspektive der Versammlung, ohne das weiter zu kommentieren. „Habt acht auf euch selbst und auf die ganze Herde, in der euch der Heilige Geist als Aufseher gesetzt hat, die Versammlung Gottes zu hüten [örtlicher Aspekt], die er sich erworben hat durch das Blut seines Eigenen [die universelle Versammlung]."

- In Galater 1,13 und 1. Korinther 15,9 schreibt der Apostel, dass er die (weltweite) Versammlung Gottes verfolgt und zerstört hat. Nach Apostelgeschichte 8,1.3 handelte es sich um die Versammlung in Jerusalem.

- Nach 1. Korinther 10,16.17 wird das Brot jeweils an einzelnen Orten gebrochen. Dennoch spricht der Apostel Paulus nicht von Broten (Mehrzahl) in den verschiedenen örtlichen Versammlungen. Denn aufgrund des Todes Christi gibt es jetzt *eine* universale Gemeinschaft und Einheit der Gläubigen: den einen Leib. Sowohl die Gemeinschaft als auch die Einheit werden durch das *gemeinsame* Brotbrechen am Ort symbolisch ausgedrückt. Wenn der Apostel in Vers 17 schreibt, dass „wir, die Vielen" an dem einen Brot teilnehmen, bezieht er sich auf die Korinther, sich selbst und schließt auch alle anderen Gläubigen mit ein (vgl. Röm 12,5). Das zeigt, dass sich die Gemeinschaft nicht auf den Ort beschränkt, auch wenn das Brotbrechen als solches immer örtlich geschieht. Mit anderen Worten: Wenn jemand in Ephesus in Gemeinschaft ist, wo sich Paulus während des Schreibens des Briefes an die Korinther befand, der ist damit in Gemeinschaft in Korinth und in allen anderen örtlichen Versammlungen. Wer aber keine Gemeinschaft in Korinth verwirklicht, kann das auch nicht in Ephesus und an den anderen Orten tun.

- Die Schrift kennt keine örtliche Gliedschaft an einem örtlichen Leib – einer örtlichen Versammlung. Wir sind Glieder des weltweiten Leibes Christi (1. Korinther 12,27). Und doch gehört jeder Gläubige zu einer örtlichen Versammlung.

- Unmerklich geht der Apostel in 1. Korinther 12,28 von Gaben, die eine weltweite und zum Teil sogar zeitlose Auswirkung und Betätigung haben, über zu solchen Aufgaben, die es überwiegend örtlich gibt. Er spricht zuerst von den Aposteln und Propheten, deren damaliger, weltweiter Dienst bis heute durch das Wort Gottes wirksam ist. Dann spricht er von den Lehrern, die keine örtliche Beschränkung haben. Später aber nennt er Hilfeleistungen und Regierungen – Gnadengaben, die für den Dienst der Aufseher und Diener (1. Timotheus 3) und damit örtlich von Bedeutung sind.

Praktische Konsequenzen

Das hat wichtige praktische Konsequenzen. Zum Beispiel in der Versammlung in Darmstadt kann man nicht einfach sagen: Wir nehmen jemand in die Gemeinschaft der örtlichen Versammlung auf, egal wie andere Gemeinden handeln. Es gibt ja nur *eine* Kirche: Wenn also an einem Ort ein Gläubiger in die Gemeinschaft aufgenommen oder aus der Gemeinschaft hinausgetan wird, ist die weltweite Gemeinde insgesamt betroffen. Sonst gäbe es statt der einen (Mit-)Gliedschaft am Leib Christi eine örtliche Gemeindemitgliedschaft. Der Gedanke aber ist der Schrift fremd (siehe 1. Kor 10,16.17). Jede Gemeinde hat die Aufgabe, in Übereinstimmung mit dem Wort Gottes unter der Leitung des Heiligen Geistes zu leben und zu handeln. Jede Versammlung, die zum Namen des Herrn Jesus versammelt ist, handelt im Namen Christi. Damit hat die weltweite Gemeinde gehandelt. Genau dadurch wird die praktische Einheit verwirklicht.

Das, was in Darmstadt gilt, gilt genauso in der weltweiten Gemeinde. Das, was für die weltweite wahr ist, muss auch für die Versammlung in Darmstadt wahr sein. Wenn also das örtliche Zusammenkommen in Darmstadt im Gegensatz zu dem handelt, was in der weltweiten Gemeinde gültig ist, hört sie auf, den Charakter der Gemeinde Gottes zu tragen.

Bedeutet das nun im Umkehrschluss, dass es eine Art Zentrale geben sollte, die alle wichtigen Lehrfragen und praktischen Probleme lösen sollte? Nein, davon finden wir in der Bibel nichts. Als in der Gemeinde in Antiochien einmal ein praktisches Problem auftauchte, wurde dieses nicht an eine andere Gemeinde „delegiert". Man hätte diese Frage ja an die erste in Jerusalem entstandene Gemeinde weitergeben können (vgl. Apostelgeschichte 15). Diese hatte jedoch nicht die Funktion einer Zentrale. Es gab keine Zentrale. Man war gemeinsam gefordert und besprach die Dinge dann auch *miteinander*. Dass man dafür nach Jerusalem ging, war naheliegend, weil die meisten der Apostel noch dort lebten und wirkten. Wir finden nicht, dass es später noch einmal einen Hinweis auf eine besondere Zusammenkunft in Jerusalem gegeben hätte, in der Entscheidungen getroffen wurden.

Die Bibel kennt keine irdische „Zentrale" der Gemeinde. Wenn man von einer solchen sprechen wollte und dabei beim Bild des Leibes, des Körpers, bleiben möchte, dann muss man an die Zentrale im Himmel denken. Die Zentrale der Gemeinde ist das Haupt: der Herr Jesus Christus. Er hat Autorität über alles und alle und hat uns als Grundlage von Entscheidungen sein Wort, ganz besonders das Neue Testament, gegeben. In der Anfangszeit war die Heilige Schrift noch nicht vollständig in den Händen der Christen. Daher hat Gott ihnen bis zur Vollendung seines Wortes Apostel und Propheten geschenkt. Diese besonderen Gaben haben inspiriert geschrieben und zum Teil auch inspiriert gesprochen. Mit apostolischer Autorität haben sie den Gemeinden Anweisungen gegeben. Diese Anordnungen sind heute Teil des Wortes Gottes und daher für uns alle einsehbar und auch verbindlich. Dennoch haben wir bereits gesehen, dass der Apostel Paulus die Versammlung in Korinth aufforderte, zu handeln. Er hat ihnen diese Verantwortung nicht abgenommen.

Wenn es heute also Fragen zu behandeln gibt, dann kommen die Antworten nicht von einer Zentrale. Die Gläubigen, die an einem Ort „als Gemeinde" versammelt sind, müssen die Antworten auf der Grundlage der Heiligen Schrift finden. Das gilt für alle örtlichen Versammlungen. So werden sie in Abhängigkeit vom Haupt, dem Herrn Jesus, die richtigen Entscheidungen fällen können.

Das heißt jedoch nicht, dass es keine von Gott gegebene Ordnung *innerhalb* der örtlichen Gemeinde gibt. Wir haben schon gesehen, dass der Heilige Geist gläubigen Männern die Aufgabe eines Ältestendienstes übertragen hat (siehe Seite 90). Es sind solche, die den Geschwistern „vorstehen" (1. Thessalonicher 5,12). Darüber hinaus lesen wir in der Schrift, dass die Frauen in der Gemeinde schweigen und keine Autorität über die gläubigen Männer ausüben sollen (1. Korinther 14,34.35; 1. Timotheus 2,12; siehe zu diesem Thema auch die Fragenbeantwortung auf Seite 199).

Gott sorgt innerhalb der örtlichen Gemeinde für eine Ordnung des Friedens. Zwischen den Versammlungen hat Er jedoch keine Hierarchie gegeben. Davon lesen wir in der Bibel nichts. Ebenso wenig spricht Gottes Wort aber auch von unabhängigen Gemeinden, die mehr oder weniger losgelöst von anderen örtlichen

Versammlungen handeln. Beides gilt für eine bibeltreue Kirche: keine Hierarchie zwischen Gemeinden, genauso wenig Unabhängigkeit voneinander. Dazu kommen wir jetzt ausführlicher im nächsten Kapitel.

3. Welcher Zusammenhang besteht zwischen verschiedenen örtlichen Gemeinden?

„Denn Gott ist nicht ein Gott der Unordnung, sondern des Friedens, wie in allen Gemeinden der Heiligen" (1. Korinther 14,33).

Wir haben gesehen, dass die örtliche Gemeinde eine Darstellung der weltweiten ist und diese repräsentiert. Dann ist die Schlussfolgerung konsequent, dass die Handlung an einem Ort (Aufnehmen, Ausschließen einer Person aus der Gemeinschaft) für alle örtlichen Gemeinden gilt. Wenn also die Gemeinde in Darmstadt der weltweiten entspricht, nur eben beschränkt auf Darmstadt, so gilt das auch für die Gemeinde in Hamburg. Sie ist nichts anderes als die weltweite, nur beschränkt auf Hamburg.

Das bedeutet, dass die Gemeinde in Hamburg ebenfalls nichts anderes ist als die in Darmstadt, nur eben in einer anderen Stadt. Beide örtlichen Gemeinden repräsentieren an ihren Orten ein und dieselbe universelle Gemeinde. Wie könnten sie gegensätzlich handeln, wenn sie dieselbe weltweite Gemeinde an ihren Orten darstellen? Nur die Personen unterscheiden sich, weil diejenigen der Gemeinde Hamburgs in Hamburg wohnen, die der Gemeinde Darmstadts aber in Darmstadt.

Vielleicht fragt jemand: Das klingt aber seltsam. Ist das wirklich biblisch? Dass diese Belehrung ihren Anker in der Bibel findet, kann man aus Versen wie dem oben zitierten schließen. Paulus lehrte in allen Gemeinden dasselbe, in allen sollte dasselbe gelten. Warum? Weil alle Versammlungen die eine universelle Gemeinde vergegenwärtigen. Das hob nicht die Unterschiedlichkeit der Menschen oder die konkrete persönliche Führung des Herrn in der Gemeinde auf. Aber die verschiedenen örtlichen Zusammenkommen lebten, was die Grundsätze des Gemeindelebens betrifft, als Einheit.

Der Rahmen

Das hat praktische Konsequenzen. Allerdings ist es wichtig, den biblischen Rahmen dafür zu erfassen. Denn es geht in Gottes Wort nicht um Einheitlichkeit, sondern um Einheit. Mit anderen Worten: Wir sprechen an dieser Stelle von grundlegenden Handlungen der örtlichen Versammlung, nicht von praktischen Gestaltungsfragen wie Liederbuch, Sitzordnung usw.

Aus Matthäus 18,18-20 wissen wir, dass das (Wieder-)Aufnehmen und das Ausschließen aus der Gemeinschaft der Versammlung (Lösen, Binden) eine wesentliche Handlung der örtlichen Versammlung ist. Diese Gemeinschaft wird besonders durch das Brotbrechen ausgedrückt, geht aber weit darüber hinaus, wie der Apostel Paulus in 1. Korinther 5,11 zeigt.

Die Gläubigen, die im Namen des Herrn versammelt sind (Matthäus 18,20), beurteilen und entscheiden in ihrem örtlichen Verantwortungsbereich den Fall, der ihnen dort vorgelegt wird. Dass sie dies auf der Grundlage des Wortes Gottes tun müssen, ist bereits erörtert worden.

Wenn die örtliche Gemeinde handelt, tut sie es als Leib Christi (1. Korinther 12,27). Als „Leib Christi" vergegenwärtigte die Versammlung in Korinth „den Leib Christi", die weltweite Versammlung (Epheser 4,12; Römer 12,5; 1. Korinther 12,12; Kolosser 1,18). Dieser Grundsatz der Schrift gilt auch heute noch. Wenn Gläubige im Namen des Herrn versammelt sind und im oben genannten Sinn handeln, geschieht dies somit als Versammlung, als Leib Christi. Sie sind nicht „die Versammlung" eines Ortes, auch nicht „eine Versammlung" eines Ortes. Aber als solche, die im Namen des Herrn versammelt sind, handeln sie als Versammlung. Und damit hat die Versammlung Gottes auf der Erde durch ihre örtliche Darstellung gehandelt.

Dem kann sich keine andere örtliche Gemeinde durch eine gegenteilige Handlung einfach widersetzen, ohne durch ihr Verhalten die Existenz der Gemeinde Gottes auf der Erde, des einen Leibes, zu leugnen. Da es nur die eine weltweite Gemeinde Gottes gibt, stellt man diese großartige Wahrheit infrage, wenn örtliche Darstellungen dieser einen Versammlung im Widerspruch zueinander tätig werden.

Das heißt für das praktische Gemeindeleben: Wer in der Gemeinde in Ephesus aufgenommen wurde, war zugleich auch in Korinth aufgenommen. Wer in Korinth nicht (mehr) an der Gemeinschaft der Gläubigen teilhaben konnte, weil er in Sünde lebte (vgl. z. B. 1. Korinther 5), der konnte auch in die Gemeinschaft der Christen in Ephesus nicht mehr aufgenommen werden. Dort befand sich der Apostel Paulus. Er macht durch seine Anweisungen deutlich, dass sich der Ausschluss eben nicht nur auf Korinth beziehen würde. Das Binden und Lösen (Ausschluss und Wiederaufnahme) einer örtlichen Versammlung gilt eben nicht nur für den betreffenden Ort, sondern „auf der [ganzen] Erde" (Matthäus 18,18).

Örtliche Gemeinden sind nicht selbstständig, unabhängig

Die vielen örtlichen Versammlungen sind also wesensgleich. Sie alle sind örtliche Darstellungen der einen, weltweiten Versammlung und damit ihrer Einheit.[10] Was jeweils eine Darstellung der gesamten Versammlung ist, kann nicht miteinander im Widerspruch handeln. Daher wird die Gemeinde in Darmstadt genauso

---

10 Dabei gilt es zu bedenken, dass die Schrift keine Einheit von Gemeinden, sondern nur die Einheit der Versammlung als solche kennt. Auch die Summe aller örtlichen Gemeinden bildet nach der Schrift nicht die weltweite Gemeinde (auch wenn es mathematisch gesehen so aussieht).

handeln wie die Gemeinde in München, was das Aufnehmen und Abweisen von Personen betrifft. Wie sollten sie sonst beide eine Darstellung derselben weltweiten Gemeinde sein, die eine Einheit bildet?

Die Handlungsvollmacht wurde der örtlichen Gemeinde übertragen. Vor dem Herrn ist sie dafür verantwortlich, entsprechend damit umzugehen, das heißt, im Namen des Herrn versammelt zu sein, wenn sie aufnimmt bzw. ausschließt. Sie wird das immer im Blick auf die eine, weltweite Kirche tun, deren örtliche Darstellung sie ist. Wenn beispielsweise eine Person, die frisch zum Glauben gekommen ist, heute zur Gemeinde in München kommt und um Teilnahme am Abendmahl bittet, kann diese nicht sagen: Das müssen wir erst mit den Gemeinden in Ingolstadt, Augsburg und Regensburg besprechen. Nein, sie ist selbst gefordert und in diesem Sinn selbstständig. Das aber heißt nicht, dass sie unabhängig und losgelöst von anderen Versammlungen entscheiden würde. Maßstab für das Handeln der örtlichen Versammlung sind allerdings nicht die anderen Gemeinden, sondern das Haupt und sein Wort. Und wenn an einem Ort im Namen des Herrn eine Person in die Gemeinschaft aufgenommen wird, dann ist sie automatisch auch in den anderen örtlichen Gemeinden aufgenommen, weil sie in der weltweiten Gemeinde aufgenommen worden ist.

Die Konsequenzen

Das alles hat eine weitreichende Konsequenz. Diese „normale" überörtliche Gemeinschaft bedeutet, dass sich die „biblische Gemeinde" notwendigerweise dafür interessieren wird, was in den anderen örtlichen Gemeinden passiert. Diese kommen ja nach denselben biblischen Maßstäben zusammen. Nur so kann sie mit diesen in dieser Gott gewollten Einheit handeln. Sie wird sich nicht nur dafür interessieren, wie die anderen das Wort Gottes zu dieser Frage verstehen. Die jeweilige örtliche Gemeinde wird sich darum kümmern, dass die örtlichen Gemeinden in der Nachbarschaft dieselben Grundsätze verwirklichen wie sie. Sonst könnte es keine biblische Einheit geben. Diese Verantwortung wird nicht mit einer detektivischen, misstrauischen Motivation wahrgenommen. Sie ist ohnehin *gegenseitig* auszuführen. Sie ist ein Beweis, dass man eins ist und diese Einheit auch verwirklichen möchte. Dass man füreinander Verantwortung in einer positiven Weise wahrnehmen möchte. Diese Aufgabe wird dann gesund ausgeübt, wenn wir das Ziel verfolgen, Vertrauen zueinander zu stärken.

Bei alledem müssen wir berücksichtigen, dass keine örtliche Gemeinde einer anderen befehlen kann, wie sie zu handeln hat. Es besteht kein gegenseitiges Abhängigkeitsverhältnis. Das heißt wiederum nicht, dass jede örtliche Versammlung selbst überlegen könnte, ob sie eine Entscheidung der örtlichen Nachbargemeinde übernimmt oder nicht. Dadurch, dass eine örtliche Gemeinde im Namen des Herrn Jesus gehandelt hat, *hat* die weltweite „gehandelt" und damit auch jede der einzelnen Ortsgemeinden. Denn sie ist wie jede andere örtliche Gemeinde die Darstellung dieser *einen* weltweiten Gemeinde. Daher handelt die örtliche Versammlung in Darmstadt nach dem, wie die örtliche Versammlung in Hamburg gehandelt hat. Sie geht ja davon aus, dass dort auf der Grundlage des Wortes Gottes gelebt wird.

Andererseits ist zu berücksichtigen, dass nicht jede Entscheidung, die in einer örtlichen Gemeinde getroffen wird, *automatisch* in Übereinstimmung mit der Schrift steht. Das mag im Einzelfall leider eben nicht der Fall sein. Wenn dazu Bedenken aufkommen, ist mit den Gläubigen der betroffenen örtlichen Versammlung zu sprechen. Man wird das mit einem oder zwei Zeugen tun, welche die getroffene Entscheidung in gleicher Weise für unbiblisch halten. Dadurch, dass diese Zeugen nicht von einem einzelnen Ort kommen, stellen sie sicher, dass sie keiner Einzelmeinung anhängen, sondern sich gegenseitig auf das Wort Gottes hinweisen.

Grundsätzlich wird man zunächst immer davon ausgehen, dass die örtliche Gemeinde richtig gehandelt hat. Denn zwei örtliche Versammlungen pflegen gerade deshalb praktische Gemeinschaft miteinander, weil sie davon überzeugt sind, dass jeweils das Wort Gottes Handlungsmaßstab ist. Sonst könnte man nicht von örtlichen Gemeinden auf der Grundlage des Wortes Gottes sprechen.

4. Was sind die Voraussetzungen für die Gemeinschaft in der örtlichen Gemeinde?

„Paulus ... der Versammlung Gottes, die in Korinth ist, den Geheiligten in Christus Jesus, den berufenen Heiligen" (1. Korinther 1,2).

Wir haben gesehen, dass die einzelnen örtlichen Gemeinden alle die eine weltweite Gemeinde repräsentieren. Daher wird derjenige, der an einem Ort in die Gemeinschaft aufgenommen wird, überall aufgenommen. Er muss nicht an anderen Orten neu aufgenommen werden. Nun stellt sich die Frage, ob man in Gottes Wort besondere Bedingungen findet, damit man in diese Gemeinschaft der Gemeinde Gottes auf der Erde aufgenommen werden kann.

Vor dem Überdenken dieser Voraussetzungen für die Gemeinschaft in der Gemeinde ist mir ein Punkt noch wichtig: Grundsätzlich sollte uns die Haltung prägen, Kinder Gottes aufnehmen *zu wollen*. Wir sollten uns nie von den Gedanken leiten lassen: Wir nehmen *niemand* auf, es sei denn, er erfüllt bestimmte Kriterien. Das mag wie Haarspalterei klingen, ist es aber nicht: Nur dann, wenn wir die Haltung haben, *alle* Kinder Gottes möglichst aufzunehmen, es sei denn, dass sie die biblischen Kriterien nicht erfüllen, handeln wir in der Gesinnung Christi.

Schließlich dürfen wir die Frage der Gemeinschaft nicht auf das Brotbrechen, das Abendmahl, beschränken. Gemeinschaft ist im neutestamentlichen Sinn viel umfassender. Es geht um ein Miteinander, um Austausch, um gemeinsame Ziele und Handlungen, um das Glaubensleben miteinander. Das ist gemeint, wenn der Apostel Paulus in 1. Korinther 5,9-13 über Umgang miteinander und Gemeinschaft spricht.

Die vier Voraussetzungen

Folgende Voraussetzungen sind im Neuen Testament zu finden:

1. *Die Person hat sich bekehrt und ist damit erlöst.* Die Person muss an den Herrn Jesus glauben. Der oben zitierte Vers in 1. Korinther 1,2 zeigt, dass nur Erlöste zur Gemeinde Gottes gehören. Und diese Erlösten gehören vom Zeitpunkt ihrer Bekehrung an zur Kirche Gottes. Wer kein Glied am Leib Christi ist und bzw. das nicht sichtbar wird, kann nicht Versammlung Gottes darstellen und somit auch nicht in die Gemeinschaft der Versammlung aufgenommen werden.

2. *Die Person führt einen reinen Lebenswandel, nicht geprägt durch Sünde.* Personen, die in die Gemeinschaft der örtlichen Gemeinde aufgenommen werden wollen, dürfen nicht in Sünde leben. Gemeint ist das Leben in der Sünde, zum Beispiel als jemand, der Hurerei, Habsucht oder Trunkenheit praktiziert. Denn diese Personen

müssen nach 1. Korinther 5,9-13 aus der Gemeinschaft der Christen ausgeschlossen werden. Nicht einmal Umgang ist mit solchen möglich, die bekennen, an den Herrn Jesus zu glauben, und dennoch in Sünde leben. Daher können wir sie nicht in die praktische Gemeinschaft der Gläubigen aufnehmen.

3. *Die Person hat Lehrüberzeugungen ohne fundamentalen Irrtum.* Personen, die in die Gemeinschaft der örtlichen Gemeinde aufgenommen werden wollen, dürfen keine falschen Lehrauffassungen über die Person des Herrn Jesus und über sein Werk haben (vgl. 2. Johannes 10; Galater 5,9). Das schließt ein, dass solche Personen keine falschen Lehren über Grundaspekte der biblischen Wahrheit vertreten dürfen. Dazu drei Beispiele:

   • Wer sagt, dass es nötig ist, das Erlösungswerk durch gute Werke zu ergänzen, hat keinen Platz in der Gemeinschaft der Versammlung. Allein die Gnade rettet (Epheser 2,8.9; Galater 1,8.9). Andererseits ist es böse zu behaupten, der Mensch, der an das Erlösungswerk Christi glaubt, könne tun und lassen, was er wolle, er komme ja in den Himmel. „Das sei ferne" (Römer 6,1).

- Wer die Allversöhnungslehre vertritt, kann nicht in die praktische Gemeinschaft der Gemeinde aufgenommen werden. Die Bibel spricht eindeutig von Hölle und Himmel, von ewigem Gericht und ewiger Freude (Matthäus 22,13; Kap. 25,46 usw.).

- Die Bibel zeigt deutlich, dass der Herr Jesus Christus sowohl Gott (in einer ewig existierenden Beziehung zu Gott, dem Vater) als auch wirklich Mensch war und ist (und zwar in einer Person). Wer diese Überzeugung ablehnt, muss abgewiesen werden (Johannes 1,1-3; 1. Timotheus 2,5 usw.).

4. *Die Person hat keine Gemeinschaft mit solchen, die nicht rein sind in Lebenswandel oder Lehrüberzeugungen.* Man kann persönlich einen reinen Lebenswandel führen und auch an die Person und das Werk des Herrn in gottesfürchtiger Weise glauben. Wenn es mir jedoch egal ist, *mit wem* ich Gemeinschaft pflege, übersehe ich, dass Verbindung mit Bösem, sei es moralisch oder lehrmäßig Böses, verunreinigt. Nach 1. Korinther 5,7 ist nicht nur der unzüchtige Mann in Gottes Augen unrein, sondern wird die ganze Gemeinde unrein, in der sich ein solcher Mensch bewegt, ohne ausgeschlossen zu werden: „Wisst

ihr nicht, dass ein wenig Sauerteig den ganzen Teig durchsäuert?" Würde die örtliche Gemeinde jemand aufnehmen, der in Verbindung mit Bösem ist, sähe Gott sie als unrein an. Das ist mit der Gemeinschaft des Blutes und Leibes des Christus (1. Korinther 10,16) und der Gemeinschaft der Gemeinde Gottes nicht vereinbar (1. Korinther 5,8). Wenn es um einen Irrlehrer geht, der falsche Lehren über die Person und das Werk Christi bringt, darf ich einen solchen nicht einmal ins Haus aufnehmen. Genauso wenig kann ich mit so jemand als Gemeinde Gemeinschaft pflegen und mit ihm zusammen das Abendmahl essen (vgl. 2. Johannes 10.11).

Gelegentlich stellt sich die Frage, ob man eine feste Anzahl an „Bedingungen" aus dem Neuen Testament anführen kann. Tatsächlich ist es so, dass die genannten vier Bedingungen für die Gemeinschaft am Tisch des Herrn gut erkennbar sind. Es finden sich allerdings Verse im Neuen Testament, die solche Voraussetzungen in einem Begriff zusammenfassen, wie der folgende Abschnitt zeigt. Das sind dann keine zusätzlichen Anforderungen, die man aufstellt. Entscheidend ist jeweils, dass die Schrift der Ausgangspunkt und Maßstab unserer Beurteilungen ist und nicht menschliche Überlegungen.

Mit reinem, aufrichtigem Herzen

Zusammenfassend kann man den Apostel Paulus zitieren und sagen: Wir sollen zusammen „mit denen, die den Herrn anrufen aus reinem Herzen" (2. Timotheus 2,22), die Gemeinschaft der Gläubigen genießen. Das heißt auch: Gläubige, die aus einer anderen örtlichen Gemeinde kommen, von der wir wissen, dass sie dieselben Überzeugungen haben

• über die Person und das Werk des Herrn Jesus,

• das persönliche Glaubensleben und

• die Kirche Gottes,

werden gerne zur „praktischen Gemeinschaft" aufgenommen. Sie werden nicht aufgenommen, weil sie aus derselben „Gemeindeart" stammen. Dann würde man Kennzeichen einer Sekte offenbaren. Sie werden aufgenommen, weil sie Kinder Gottes sind und die biblischen Anweisungen auch über das Gemeindeleben verwirklichen wollen. Das schließt auch die Gemeinschaft am Tisch des Herrn ein (1. Korinther 10,21). Eine solche örtliche Gemeinde wird zum Beispiel in einem Empfehlungsbrief bestätigen, dass die besuchende Person ein Kind Gottes ist und dem Herrn nachfolgt (vgl. 2. Korinther 3,1), sofern die betroffene Person am anderen Ort unbekannt ist.

Die Frage nach dem reinen Herzen kommt beispielsweise auf, wenn jemand am Brotbrechen (Abendmahl) teilnehmen möchte in einem Zusammenkommen, das er an seinem eigenen Ort bewusst nicht besucht. Es stellt sich dann die Frage, warum er nicht an seinem Ort dieselbe Art von Zusammenkünften besuchen möchte, wenn sie in erreichbarer Nähe liegt. Solche Fragen bespricht man dann, wenn ein solcher Gläubiger dennoch gerne an der Gemeinschaft am Tisch des Herrn teilhaben möchte.

Es geht bei dieser Frage nicht darum, jemanden in die Kirche Gottes als solche aufzunehmen, wie sie seit dem Pfingsttag bis zur Entrückung existiert. Denn jedes Kind Gottes ist bereits Glied der Gemeinde Gottes. Wenn es aber um die Frage der Einheit und Gemeinschaft geht, dann haben wir als örtliche Gemeinde eine Verantwortung. Wir haben gesehen, dass wir verpflichtet sind zu prüfen, mit wem wir Gemeinschaft haben und mit wem nicht. Deshalb sind wir leider manchmal um des Herrn und seiner Ehre willen gezwungen, sogar Gläubige abzuweisen. Das wird man nie mit leichtem Herzen tun. Denn immer muss uns der Wunsch antreiben, möglichst alle Gläubigen aufzunehmen. Wenn aber solche kommen, die den genannten Kriterien der Schrift nicht genügen wollen, müssen wir sie aus Liebe zu unserem Herrn abweisen.

Zum Schluss möchte ich noch darauf aufmerksam machen, dass man für die Aufnahme von Geschwistern keine Kriterien aufstellen darf, die *nicht* im Neuen Testament enthalten sind. Drei Beispiele dazu:

- Jemand muss die Lehre von der *einen Kirche* verstanden haben: Das ist keine Voraussetzung für die Aufnahme in die örtliche Gemeinde. Natürlich ist es gut, wünschenswert und bis zu einem Grad sogar notwendig, ein gewisses Verständnis über diesen Punkt zu besitzen. So ist es möglich, Verantwortung für die Gemeinschaft am Ort zu übernehmen (vgl. dazu auch 1. Korinther 10,15). Aber Erkenntnis und Einsicht in die Gedanken Gottes sind keine Kriterien der Heiligen Schrift.

- Jemand *muss* einen Empfehlungsbrief von einer örtlichen Gemeinde, einem Zusammenkommen erhalten, mit dem man sich in aktiver, wechselseitiger Gemeinschaft befindet. Damit ist gemeint, dass man voneinander weiß, dass man in den wesentlichen Fragen der Bibelauslegung übereinstimmt: die Person und das Werk des Herrn Jesus, der persönliche und gemeinsame Glaube, usw. Natürlich kann es kein Hin- und Herspringen zwischen sich in Grundsätzen unterscheidenden Zusammenkommen geben. Aber die im Neuen Testament zu findende wesentliche Voraussetzung für die Gemeinschaft ist (siehe Punkt 1), dass man Glied der einen weltweiten Gemeinde ist. Es gibt keine im Wort Gottes verankerte Bedingung, dass man zu einem bestimmten Zusammenkommen gehen muss. Diese Bedingung aufzustellen wäre daher sektiererisch.

- Äußere Dinge wie Kleidung etc. Da die Schrift solche Punkte im Blick auf die Gemeinschaft am Tisch des Herrn an keiner Stelle nennt, dürfen wir sie nicht zu einer Bedingung der Gemeinschaft machen. Das heißt nicht, dass das Äußere unwichtig ist. In Gottes Wort werden wir darüber belehrt, dass Äußeres und Inneres zusammengehören. Hier geht es aber um eine Frage des persönlichen Gewissens, das wir uns durch Gottes Wort und die praktische Lebensgemeinschaft mit dem Herrn immer wieder neu schärfen lassen wollen. Gottes Wort nennt Kleidung und damit verbundene Dinge nicht als Bedingung für die Gemeinschaft der örtlichen Gemeinde. Was die Taufe betrifft, so gibt es dazu noch eine Fragenbeantwortung auf Seite 196.

5. Kann man jemanden von der Gemeinschaft ausschließen?

„Tut den Bösen von euch selbst hinaus"
(1. Korinther 5,13).

Wir haben darüber nachgedacht, wer in die örtliche Gemeinde aufzunehmen ist. Es stellt sich aber auch noch eine andere Frage. Was ist mit solchen zu tun, die in die Gemeinschaft der Kirche aufgenommen worden sind, aber durch ein sündiges Leben den Kriterien heute nicht mehr genügen?

Manche Christen glauben, dass jeder für sich selbst vor Gott verantwortlich ist, was die Teilnahme am Abendmahl und die Gemeinschaft der Gemeinde Gottes betrifft. Sie beziehen sich auf ein Wort des Apostels Paulus: „Jeder aber prüfe sich selbst, und so esse er von dem Brot und trinke von dem Kelch" (1. Korinther 11,28). Paulus spricht hier davon, dass sich jeder Gläubige vor dem Teilnehmen am Abendmahl *persönlich* prüfen soll, ob sein Leben zu diesem heiligen Mahl des Herrn passt. Diese (ständige) Prüfung ist ein sehr wichtiger Aspekt des persönlichen Lebens.

Das persönliche Prüfen in 1. Korinther 11 bezieht sich auf mehrere Aspekte. Zunächst geht es dem Apostel darum, dass wir das Besondere dieser speziellen Mahlzeit, des Gedächtnismahls (Abendmahls) erkennen (V. 21). Darüber hinaus warnt Paulus davor, das Mahl auf eine unwürdige Art und Weise einzunehmen (V. 27). Allerdings sind die ermahnenden Bemerkungen der Verse 27-32 sehr allgemein formuliert, so dass sie breit angewendet werden können. Der Apostel warnt uns somit vor jeder oberflächlichen und unwürdigen Teilnahme am Brotbrechen. Darauf bezieht sich die persönliche Prüfung vor dem Herrn.

Die Belehrungen von Paulus an die Gemeinde in Korinth zeigen jedoch, dass nicht nur jeder individuell angesprochen wird. Paulus wendet sich zudem an die örtliche Gemeinde *insgesamt*. Wenn also jemand nicht den Bedingungen für die Aufnahme in die Gemeinschaft der örtlichen Versammlung genügt (vgl. Seite 152), ist *die örtliche Gemeinde* gefordert, diese

Person aus der praktischen Gemeinschaft auszuschließen. Das ist ein schmerzlicher, aber auch ein notwendiger Schritt. Denn nur so kann die Heiligkeit der Kirche praktischerweise bewahrt werden: „Wisst ihr nicht, dass ein wenig Sauerteig den ganzen Teig durchsäuert? Fegt den alten Sauerteig aus, damit ihr ein neuer Teig seiet, wie ihr ungesäuert seid" (1. Korinther 5,6.7). Das ist die gemeinschaftliche Pflicht der örtlichen Gemeinde. Der Herr erwartet von uns, dass wir dieser Verantwortung treu nachkommen.

Er selbst hatte davon bereits gesprochen. Die örtliche Gemeinde hat die Pflicht, aber auch die Autorität, Sünde von Gläubigen zu „lösen", was ihren Lebenswandel auf der Erde betrifft. In gleicher Weise „bindet" sie Sünden an eine Person, wenn diese ein Leben in der Sünde führt (Matthäus 18,18). Menschen haben keine Kompetenz, die *ewige* Sündenvergebung zu erteilen oder zu verwehren. Das gilt auch für die Kirche. Wenn die Gemeinde jemanden aufgrund seines Lebenswandels aus der praktischen Gemeinschaft ausschließen muss, berührt das nicht die Frage des ewigen Heils.

Aus vielen Bibelstellen wissen wir, dass ein von neuem geborener, also ein bekehrter Christ sein Heil nicht wieder verlieren kann. Der Heilige Geist, der in jedem Gläubigen wohnt (1. Korinther 6,19), verlässt ihn nie mehr (Johannes 14,16.17). Wenn also ein Mensch, der von der Gemeinde ausgeschlossen wird, wirklich erlöst ist, bleibt er ein Kind Gottes. Was aber das Leben von Menschen auf der Erde betrifft, hat Gott der örtlichen Versammlung eine große Verantwortung übertragen.

Sie hat die Aufgabe, solche von der Gemeinschaft auszuschließen, die der Liebe und Wahrheit Gottes zuwiderhandeln.

Das heißt: Nur dann, wenn ein örtliches Zusammenkommen diese gemeinsame Gemeindezucht wahrnimmt, kann sie örtliche Gemeinde auf der Grundlage der Bibel sein. Das schließt ein, dass die örtliche Versammlung solche aus der Gemeinschaft ausschließt, die sich zwar gläubig nennen, aber in lehrmäßiger oder persönlich-moralischer Sünde leben.

Dieser Punkt betrifft nicht nur solche, die am Abendmahl teilnehmen, denn vom Abendmahl spricht der Apostel in 1. Korinther 5 gar nicht. Die örtliche Gemeinde muss sich von jedem sichtbar distanzieren, der sich Christ nennt, aber ein sündiges Leben führt (V. 11). Das wird immer verbunden sein mit Trauer und Demütigung. Man wird sich auch immer fragen, warum der örtliche Ältestendienst bei einem solchen Christen den sündigen Zustand nicht verhindern konnte. Dieses demütigende Bewusstsein darf jedoch nicht dazu führen, dass ein konsequentes Handeln nach den Anweisungen des Neuen Testaments außer Kraft gesetzt wird.

VII.   Fragen

Im abschließenden Kapitel versuche ich, auf eine Auswahl von praktischen Fragen, die noch nicht weitergehend erklärt werden konnten, eine Antwort zu geben. Wenn Sie eine konkrete Frage beschäftigt, die hier nicht behandelt wird, dann fragen Sie bitte denjenigen, der Ihnen dieses Buch überreicht hat. Oder wenden Sie sich bitte an den herausgebenden Verlag, der Ihnen direkt helfen möchte oder jemanden in Ihrer Nähe nennen kann, der gerne Fragen beantwortet. Herzlichen Dank!

1.   Was hat die Gemeinde mit Israel zu tun?

Frage:

Ist die Gemeinde das geistliche Israel?

Antwort:

Die Frage nach der Beziehung von Israel und der Gemeinde Gottes hat schon viele beschäftigt. Auf die Frage, ob die Gemeinde eine Art „geistliches Israel" ist, kann man nur antworten: Nein! Wenn man sich mit dem Charakter des Volkes Gottes im Alten Testament, Israel, und dem des Volkes Gottes im Neuen Testament, der Gemeinde, beschäftigt, stellt man gravierende Unterschiede fest. Die Gemeinde war zur Zeit des Alten

Testaments verborgen und ist erst durch die Apostel offenbart worden (Epheser 3,4.5.9).

In Bezug auf Israel dagegen spricht die Schrift nur im Blick auf die Art der Wiederherstellung des Volkes als Volk Gottes von einem Geheimnis (Römer 11,25), nicht im Blick auf das Wesen dieser Nation. Sogar die Zukunft Israels wird im Alten Testament an vielen Stellen behandelt. In dem Moment, als Gott Abraham erwählte und in seiner Nachkommenschaft Jakob als Israel Gottes, offenbarte Er seinen Gedanken.

Seinen ewigen Plan im Blick auf die Versammlung dagegen hat Gott erst offenbart, als es die Versammlung auf der Erde längst gab. Der Herr Jesus deutete diesen Ratschluss zwar schon während seines Erdenlebens an, aber in seinem ganzen Umfang war es erst der Apostel Paulus, der darüber sprach und diese Herrlichkeit in den beiden Briefen an die Epheser und Kolosser aufschrieb.

Die Kirche Gottes hat sein Zeugnis durch Israel auf der Erde ersetzt (vgl. Römer 11,17). Israel war untreu und hat seinen eigenen Messias, den Sohn Gottes, verworfen und an das Kreuz gebracht. Daher konnte Gott dieses Volk nicht mehr als seinen Zeugen auf der Erde anerkennen. Die Gemeinde aber ist keine *Fortsetzung* des Zeugnisses Israels, sondern ein *Ersatz* dafür. Zudem wird sie diesen Zeugnischarakter selbst wieder verlieren, weil sie selbst sehr untreu geworden ist (vgl. Römer 11,24).

Manche haben die Frage hinzugefügt: Sagt Gott nicht selbst, dass die Gemeinde Gottes mit Israel zusammenhängt? Sie verweisen auf Galater 6,16: „Und so viele nach dieser Richtschnur wandeln werden – Friede über sie und Barmherzigkeit, und über den Israel Gottes."

Wie in Römer 2,28.29 sind dort Menschen aus dem Volk Israel gemeint, die sich zu Gott bekehrt haben. Sie gehören heute zur Gemeinde Gottes. Sie aber bilden in Gottes Augen den wahren Israel Gottes, das, was Gott schon immer an wahrem, innerem Glauben in Israel gesucht hat. Heute sind sie nicht mehr Juden oder Israeliten, sondern gehören zur Versammlung Gottes. Dort gibt es weder „Jude noch Grieche ...; denn ihr alle seid einer in Christus Jesus" (Galater 3,28).

Volk Gottes

Sowohl Israel als auch die Gemeinde werden „Volk Gottes" genannt (vgl. Hebräer 11,25; 1. Petrus 2,10), wobei die Gemeinde nur in 1. Petrus 2 und in allgemeinerem Sinn in Hebräer 4,9 mit dieser Bezeichnung genannt wird. Während Israel das irdische Volk Gottes war, ist die Gemeinde das himmlische Volk Gottes.

Israelit wurde man durch Geburt (oder Proselytentaufe). In die Versammlung Gottes dagegen kann man nicht hineingeboren werden. Es gibt auch keine äußerliche Aufnahme durch die Taufe. Nur durch den

Heiligen Geist, der die neue Geburt bewirkt und in dem Gläubigen seinen Wohnplatz einnimmt, gehört man zu der einen Gemeinde Gottes. Ihre Herkunft ist im Himmel, ihr Haupt, Jesus Christus, ist im Himmel, auch ihre Zukunft liegt dort. Die Zukunft Israels dagegen ist hier auf der Erde. Das Land Israel wird einmal Mittelpunkt der Erde sein (Hesekiel 38,12).

Noch einmal sei wiederholt (vgl. Seite 25): Die Gemeinde war zu Zeiten des Alten Testaments und sogar während des Lebens Jesu eine noch zukünftige Sache. Der Herr Jesus spricht in Matthäus 16 vom Bau der Gemeinde in der Zukunftsform. Es gab vorher keine Gemeinde oder irgendeinen Vorläufer davon. Ihrem Wesen nach hat sie nichts mit Israel zu tun.

2. Was für eine Beziehung hat die Gemeinde zu dem Gesetz?

Frage:

Muss oder sollte die Gemeinde das Gesetz (vom Sinai) halten?

Antwort:

Immer wieder wird die Frage gestellt: Wenn Gott selbst das Gesetz gegeben hat, müssen nicht auch wir Christen es halten? Die Antwort ist: Nein! Gott hat das Gesetz als ein Vertrag (Bund) mit einem einzigen Volk geschlossen: mit Israel. Die Gemeinde aber ist nicht Israel oder eine Fortsetzung von Israel. Das haben wir bei der vorherigen Fragenbeantwortung gesehen. Die Gemeinde steht auch nicht unter Gesetz, weil mit ihr nie eines geschlossen worden ist. Das ist auch nicht möglich, weil die Gemeinde nicht zur ersten Schöpfung gehört, sondern zur Neuschöpfung, denn sie ist mit dem auferstandenen Christus verbunden. Als Auferstandener ist Er der Anfang der neuen Schöpfung (Kolosser 1,18).

Schon in Apostelgeschichte 15 kann man nachlesen, dass es Gläubige gab, welche die Frage nach der Notwendigkeit, das Gesetz zu halten, sehr früh in der christlichen Zeit in die Kirche hineinbrachten. Deshalb wurde eine große Zusammenkunft einberufen: Einige hatten zum Beispiel gelehrt, nur ein Beschnittener könne errettet werden (V. 1). Um darauf eine Antwort geben zu können, wurde die Frage des Gesetzes behandelt (V. 5).

Nur vier Anweisungen, die schon im alttestamentlichen Gesetz enthalten waren, werden für die christliche Zeit ausdrücklich von den Aposteln als zu beachtende Regeln genannt. Sie stellen für uns aber kein *Gesetz* dar. Sie sind der Ausdruck dessen, was zu allen Zeiten gottgemäß war und ist: „euch zu enthalten von Götzenopfern und von Blut und von Ersticktem und von Hurerei" (V. 29). Diese Gebote sind weder typisch christlich noch jüdisch.

Tatsächlich handelt es sich um Punkte, die von Anfang der Schöpfung an Gottes Gedanken widerspiegelten. Das Verbot, Blut zu essen, nannte Gott ausdrücklich zur Zeit Noahs als etwas, was grundsätzlich gegen Gottes Gedanken verstößt (vgl. 1. Mose 9,1-7). Damit steht offensichtlich auch das Verbot in Verbindung, sich mit Ersticktem zu nähren, da man damit Blut essen würde.

Der Herr Jesus zeigt, dass Hurerei von Beginn der Schöpfung an im Widerspruch zu seinen Gedanken stand (Matthäus 19,3-12). In Römer 1,19-23 offenbart der Apostel Paulus, dass Gottes Zorn von Anfang über die Gottlosigkeit derjenigen tätig war, die sich dem Götzendienst hingaben.

Das zeigt, dass diese vier Gebote für die ganze Menschheit gültig sind, genauso wie der Hinweis an anderer Stelle, dass Mord Sünde ist. Diese Punkte gründen sich somit letztlich auf die Schöpfungsordnung Gottes, auch wenn sie Teil des Gesetzes geworden sind. Daher verwundert es nicht, dass sie zudem am Anfang der christlichen Zeit noch einmal wiederholt werden. Sie stellen also kein neues „christliches Gesetz" dar, sondern sind einfach Teil der göttlichen Anordnungen für alle Menschen zu jeder Zeit.

Eine Reihe von Bibelversen in den Lehrbriefen des Apostels Paulus unterstreichen, dass Christen nicht unter Gesetz stehen.

• „Denn Christus ist das Ende des Gesetzes, jedem Glaubenden zur Gerechtigkeit" (Römer 10,4).

• „Ihr seid nicht unter Gesetz, sondern unter Gnade" (Römer 6,14).

- „Ihr seid abgetrennt von Christus, so viele ihr im Gesetz gerechtfertigt werden wollt; ihr seid aus der Gnade gefallen" (Galater 5,4).

- „Denn so viele aus Gesetzeswerken sind, sind unter dem Fluch" (Galater 3,10).

- „Für die Freiheit hat Christus uns frei gemacht; steht nun fest und lasst euch nicht wieder unter einem Joch der Knechtschaft halten" (Galater 5,1).

Durch diese Verse sollte für jeden Bibelleser deutlich werden:

1. Weder der Christ noch die Gemeinde stehen unter Gesetz. Für die Erlösten und die Gemeinde gibt es keinen Auftrag, die zehn Gebote vom Sinai (2. Mose 20) zu halten. Niemand wäre dazu in der Lage. Der Gläubige aber kann die Rechtsforderungen, wie sie im Gesetz ausgedrückt werden, erfüllen (Römer 8,4). Durch das neue Leben, das er geschenkt bekommen hat, und durch den Heiligen Geist, der in ihm wohnt, tut er viel mehr, als was das Gesetz verlangt. Er verherrlicht Gott.

2. Der Christ steht nicht unter dem Sabbatgebot. Dieses ist Teil der zehn Gebote und richtet sich an Israeliten.

3. Wer sich unter das Gesetz stellen möchte, ist schuldig, alle Gebote zu erfüllen, sonst geht er verloren (Jakobus 2,10). Die Zeit des Alten Testaments hat bewiesen, dass kein Mensch dazu in der Lage ist.

4. Wer das Gesetz als Lebensregel für sich oder in der Gemeinde akzeptiert, ist aus der Gnade gefallen (Galater 5,4).

5. Das, was für das Gesetz vom Sinai gilt, hat in gleicher Weise Gültigkeit für jedes andere Gesetz, das sich Menschen auferlegen. Manche Christen machen zum Beispiel aus der so genannten Bergpredigt „ihre" Lebensregel (Matthäus 5-7). Das aber bedeutet letztlich, ein anderes Gesetz, das noch erhabener ist, zum Gesetz des Lebens zu erheben. Dafür aber hat Gott uns diese Kapitel im Matthäusevangelium nicht gegeben. Dort zeigt uns der Herr Jesus vielmehr, welchen tieferen Sinn die einzelnen Gebote des Alten Testaments besaßen. Und Er gibt für Gläubige in Tagen der Verfolgung und Leiden Hinweise auf ein Gott verherrlichendes Verhalten. Der Herr zeigt uns Gottes Gedanken, ohne sie zu einem Gesetz zu erheben, durch das man zu Gott kommen kann.

3. Sind die Evangelische Allianz bzw. die Ökumene nicht eine gute Verwirklichung der einen Gemeinde?

Frage:

Es gibt heute so viele Trennungen unter Christen. Wäre es da nicht richtig, sich im Rahmen der Ökumene oder der Evangelischen Allianz zu engagieren? Auf eine solche Weise könnte man doch über die existierenden gemeindlichen Grenzen hinweg in vielen Bereichen von Gottesdienst, Abendmahl, Dienst und Hauskreisen zusammenarbeiten.

Antwort:

Die Evangelische Allianz ist ein Zusammenschluss vor allem evangelikaler Gruppierungen. Die ökumenische Bewegung geht noch weiter und versucht, eine Einigung und Zusammenarbeit der verschiedenen Kirchen zu bewirken. In beiden Fällen bleiben die jeweiligen Gemeinden und Kirchen selbstständig, arbeiten aber unter einem gemeinsamen Dach zusammen.

Der Wunsch, mit allen Christen eine Einheit zu bilden, ist auch in der heutigen Zeit richtig und wichtig. Es bleibt nämlich wahr, dass es von Anfang an Gottes Wille gewesen ist, dass diejenigen, die zu der *einen* Kirche gehören, zu *seiner* Kirche, auch gemeinsam zusammenkommen.

Dieser Auftrag lässt sich mit einer Zusammenarbeit *über christliche Gruppengrenzen hinweg* allerdings nicht vereinen. Die *eine* Gemeinde, bestehend aus allen gläubigen Christen, gibt es natürlich bis heute noch: „Da ist *ein* Leib" (Epheser 4,4). Das ist und bleibt in Gottes Augen immer so, wie sehr wir als Menschen auch durch unser Versagen diese Einheit in ihrer sichtbaren Darstellung zerstören. Auch wir sollten uns nie diesen Glaubensblick nehmen lassen, dass alle Erlösten zusammen die Versammlung Gottes bilden. Niemand darf meinen, dass nur diejenigen, mit denen er regelmäßig die biblischen Zusammenkünfte besucht, zur Gemeinde Gottes gehören.

Wir werden allerdings *nicht* aufgefordert, die Einheit des Leibes zu bewahren. Das können wir nicht und ist auch nicht nötig, denn der eine Leib besteht und bleibt bestehen. Der Apostel Paulus fordert uns allerdings auf, „die Einheit des Geistes zu bewahren" (Epheser 4,3). Das bedeutet, dass wir nicht nur durch den Geist Gottes zu der *einen* Gemeinde hinzugefügt worden sind, sondern dass wir diese Einheit, die durch den Geist bewirkt wird, auch praktisch verwirklichen sollen. Wir sind dann bereit, die Hinweise in der Heiligen Schrift zu der einen Kirche zu beachten und unter der Leitung des Heiligen Geistes festzuhalten.

Den Absichten und Zielen des Geistes Gottes steht alles entgegen, was der biblischen Wahrheit über die eine Gemeinde widerspricht (vgl. 1. Korinther 12,12.13; Johannes 16,13). Wenn also beispielsweise eine christliche Gruppierung

- über eine eigene „Zentrale" verfügt, von der aus eine Person oder mehrere Führer untergeordnete Gruppen anweisen können,

- im Rahmen einer Delegiertenversammlung (wie eines Bundestages) Beschlüsse fasst,

- ein Oberhaupt hat, dass für die Gemeinde Entscheidungen fällt,

- Personen nicht mehr aus der Gemeinschaft ausschließt, die in moralischer oder lehrmäßiger Sünde leben,

- die Tatsache der einen Kirche nicht berücksichtigt wird, indem zum Beispiel an einem Ort jemand in die Gemeinschaft aufgenommen wird, der an einem anderen Ort nicht aufgenommen worden ist,

- Frauen in Leitungspositionen einsetzt,

- usw.

so steht das im Widerspruch zu Gottes Wort (vgl. Seite 144).

Da sowohl in der Ökumene als auch in der evangelischen Allianz solche Gruppierungen vorhanden sind, kann diese Verbindung nicht biblisch sein. Es kann daher auch kein Ziel eines örtlichen, christlichen Zusammenkommens sein, sich diesen christlichen Gruppen und Kirchen anzuschließen. Eine Verschmelzung unterschiedlicher christlicher Gruppierungen ist genauso unbiblisch wie bei der evangelischen Allianz und der Ökumene die Vielfalt der verschiedenen Gruppen unter einem gemeinsamen Dach. Solange nicht allein Gottes Wort und seine klaren Aussagen die Richtschnur für das Zusammenkommen als Gemeinde bilden, kann es mit solchen Gruppen, so empfehlenswert einzelne ihrer Aktivitäten und Züge sind, keine gottgemäße Einheit geben. Denn das Bewahren der Einheit des Geistes bezieht sich nicht nur auf das Brotbrechen, sondern auch auf Gottesdienst, Dienst usw. (vgl. Epheser 4,3-16).

Wenn es Gründe gibt, die ein gemeinsames Versammeln im Namen des Herrn Jesus unmöglich machen, kann man diese bei Fragen von Gottesdienst und Dienst an Menschen nicht übergehen. Das wäre Untreue und Ungehorsam gegenüber dem Herrn Jesus. Man würde damit bezeugen, dass Gehorsam in einigen Punkten nicht so wichtig sei. Aber kommen der Herr und sein Wort nicht an erster Stelle?

Das gilt besonders für die Lehre über den Herrn Jesus. Er ist ewiger Gott (war es immer schon), als Sohn in seiner Beziehung zu Gott, dem Vater. Zugleich ist

Er seit seiner Menschwerdung vollkommen Mensch und bleibt dies in Ewigkeit (vgl. Seite 155). Hier kann es für solche, die an Ihn glauben, keine Kompromisse geben. Ein anderes Beispiel ist, für die gesamte Bibel die Irrtumslosigkeit und Verbal-Inspiration der Bibel festzuhalten. In manchen christlichen Gruppierungen werden diese Fundamente des christlichen Glaubens leider nicht mehr festgehalten. Noch einmal: Im Blick auf solch grundlegende Aspekte der Wahrheit darf es für uns keine Kompromissbereitschaft geben. Das wäre Verrat an unserem Retter und Schöpfer, am Haupt des Leibes der Gemeinde. Wie könnte man sich dann miteinander verbinden?

Schauen wir, was 2. Timotheus 2,19-21 sagt: „Jeder, der den Namen des Herrn nennt, stehe ab von der Ungerechtigkeit! In einem großen Haus aber sind nicht allein goldene und silberne Gefäße, sondern auch hölzerne und irdene, und die einen zur Ehre, die anderen aber zur Unehre. Wenn nun jemand sich von diesen reinigt, so wird er ein Gefäß zur Ehre sein, geheiligt, nützlich dem Hausherrn, zu jedem guten Werk bereitet." Wir haben den Auftrag, uns von jeder Art des Bösen, von Ungerechtigkeit, zu trennen. Wenn es Gläubige (Gefäße) gibt, die sich dieser Aufforderung bewusst entziehen, dann ist es nötig, dass wir uns von ihnen trennen. Das tut weh. Aber Gott und seine Ehre sowie der Gehorsam seinem Wort gegenüber haben höchste Priorität.

Gott sucht keine Einheit auf Kosten von Bösem, sondern eine Einheit, die durch die Trennung von Bösem gekennzeichnet ist. Das bedeutet, dass man sich von

Personen trennen muss, die am Bösen in Lehre und Praxis festhalten. Diese Haltung gilt auch für solche, die sich gegenüber der neutestamentlichen Lehre gleichgültig zeigen.

Keine Kompromissbereitschaft

So kann der Zusammenschluss verschiedener Gruppen oder deren Zusammenarbeit auf Kosten der *einen* Wahrheit der Bibel keine Alternative für Christen sein. Das heißt in der Konsequenz, dass wir für diese Erde die Hoffnung aufgeben müssen, an den einzelnen Orten, an denen wir leben, die örtliche Gemeinde noch vollständig versammeln zu können. Eine Ausnahme mag in kleinen Dörfern bestehen, wo wirklich noch alle an einem Ort zusammenkommen.

Dieser Gedanke ist nicht dem Pessimismus extremer Christen geschuldet. Wir finden ihn auch im Neuen Testament an verschiedenen Stellen verankert. Mehrere Schreiber sprechen von diesem Ruin. Sie haben ihn ganz am Anfang der christlichen Zeit bereits vorhergesagt (vgl. 2. Timotheus 2,16-26; Apostelgeschichte 20,29.30; Offenbarung 2 und 3 usw.).

Das aber heißt nicht, dass wir auf ein Zusammenkommen als Gemeinde nach den Gedanken Gottes verzichten müssten. Wir haben allerdings demütig anzuerkennen, dass da, wo wir uns auf der Grundlage der Bibel versammeln wollen, nicht „die" örtliche Gemeinde ist. Wir können jedoch „als" Versammlung zusammenkommen und die Belehrungen, die wir im Neuen Testament über die Kirche finden, verwirklichen.

4. Müssen auch Gläubige, die in Sünde leben, aus der Gemeinde ausgeschlossen werden?

Frage:

Gott ist Liebe. Passt es zu diesem Gott der Liebe, dass wir Gläubige, die in Sünde leben, aus der Gemeinschaft der Gemeinde ausschließen? Das ist doch hart und herzlos und führt letztlich nur dazu, dass wir als Gemeinde solche Personen verlieren! Sollten wir nicht lieber versuchen, unseren Austausch mit ihnen und unsere Seelsorge zu intensivieren? Gott handelt doch auch so mit uns!

Antwort:

Es gehört für Christen tatsächlich zu den schwierigsten Handlungen, Personen aus der praktischen Gemeinschaft der Gemeinde auszuschließen. Niemand sollte einen solchen Weg leichtfertig und kaltherzig gehen.

Entscheidend aber ist nicht, was unsere Gefühle dazu sagen. Für uns Christen ist Gottes Wort bindend. Und wenn Er uns sagt: „Tut den Bösen von euch selbst hinaus" (1. Korinther 5,13), dann sind wir daran gebunden. Wir müssen uns immer bewusst machen: Gott weiß, warum Er bestimmte Handlungen anordnet. Und wenn Er das tut, hat Er einen wichtigen Grund dafür. Alles das, was Er anordnet, ist zu unserem Segen; in diesem Fall auch zum Guten desjenigen, von dem wir uns abwenden müssen.

Wir dürfen uns von niemand zurückziehen, der nicht in Sünde lebt. Der Apostel nennt in 1. Korinther 5 einige Beispiele für einen sündigen Zustand:

- Hurerei (Ehebruch, das Zusammenleben von Menschen, ohne verheiratet zu sein)

- Götzendienst

- Raub

- Schmähungen

- dauernde Trunkenheit

- Habsucht

Wer durch solche Sünden geprägt ist, obwohl er von den Gläubigen ermahnt worden ist, muss aus der örtlichen Gemeinde ausgeschlossen werden.

Und jetzt kommt das Wichtige: Gerade durch eine solch „harte" Haltung, die uns selbst weh tun muss, erweisen wir diesem Menschen wahre Liebe. Dieser verhält sich nicht wie ein Gläubiger. Ein Gläubiger lebt normalerweise nicht in einem solchen sündigen Zustand.

Damit komme ich noch einmal auf die Frage zurück: „Dürfen wir jemand ausschließen, der gläubig ist?" Diese Frage stellt sich gar nicht, wenn es um einen Ausschluss geht. Denn wir müssen jemand ausschließen, der durch sein Leben gerade das Gegenteil von dem zeigt, was einen Gläubigen kennzeichnet. Ein Gläubiger ist grundsätzlich dadurch geprägt, dass er dem Herrn Jesus nachfolgt. Johannes sagt: „Jeder, der aus Gott geboren ist, tut nicht Sünde" (1. Johannes 3,9). Er ist nicht durch einen sündigen Lebenswandel geprägt.

Wenn nun aber jemand, der sich zu Christus bekennt, durch Sünde wie Hurerei geprägt ist, dann können wir gar nicht sagen, ob er gläubig ist oder nicht. Er lebt jedenfalls wie ein Ungläubiger. Daher haben wir die Pflicht, einen solchen aus der Gemeinschaft der Versammlung auszuschließen. Wenn er wirklich gläubig ist, wird er von seinem falschen Weg umkehren, seine Sünden bekennen, und die örtliche Versammlung wird ihn wieder in die Gemeinschaft aufnehmen.

Konsequenz gefordert

So kann es sein, dass der Betreffende, den wir ausschließen, gläubig ist: 2. Korinther 2,7 offenbart, dass der Mann aus 1. Korinther 5 tatsächlich ein von neuem geborener Christ war. Manchmal wird das erst klar, wenn die betreffende Person von ihrem bösen Weg umkehrt.

Damit er das tut und zu einer inneren, tiefgehenden Umkehr und Sinnesänderung kommt, verlangt Gott von uns, dass wir uns vollständig von einer solchen Person zurückziehen. Wenn wir uns so verhalten, zeigen wir, dass wir Gott und sein Wort lieben und dass wir das Beste auch für diesen Menschen suchen. Genau das ist Liebe. Wenn wir meinen, dennoch Liebe dadurch erweisen zu können, dass wir Kontakt mit einem solchen Menschen halten, sagen wir letztlich: Wir wissen es besser als Gott.

Natürlich werden wir für einen Ausgeschlossenen beten, damit er zur Umkehr findet. Dabei wollen wir immer berücksichtigen, dass wir nicht besser sind als andere. Aus unserem eigenen Leben wissen wir, wie schnell wir selbst sündigen. Daher stellen wir uns nicht über eine solche Person. Wir demütigen uns und machen uns so eins mit der Sünde, als hätten wir sie selbst begangen. Zugleich folgen wir den Gedanken Gottes und sind gehorsam, so schwer uns das fallen mag. Umso mehr werden wir uns freuen, wenn Gott in einem solchen Herzen Umkehr, ein Bekenntnis und einen veränderten Lebenswandel bewirken kann.

Wenn wir einen Bösen nicht aus der Gemeinde ausschließen, sieht Gott uns als verunreinigt an. „Fegt den alten Sauerteig aus, damit ihr ein neuer Teig seiet, wie ihr ungesäuert seid" (1. Korinther 5,7). Bewusste Toleranz gegenüber dem Bösen verunreinigt. Wir würden uns gegen Gott stellen. Nur durch das Ausschließen einer Person, die in Sünde lebt, können wir praktische Gemeinschaft mit Gott und dem Herrn Jesus pflegen.

5. Was ist die Identität der örtlichen Gemeinde?

Frage:

Es gibt an vielen Orten eine Vielzahl christlicher Gruppen. Ist es da nicht notwendig, dass jede Gemeinde eine eigene Identität aufbaut?

Antwort:

Als Erstes wollen wir daran festhalten, dass es an jedem Ort nur *eine* Gemeinde gibt. Das haben wir schon mehrfach gesehen (vgl. Seiten 45 und 136). Wenn sich die Gläubigen heute in verschiedenen christlichen Gruppen treffen, entspricht das leider nicht den Gedanken Gottes, wie sie im Neuen Testament offenbart werden. Die örtliche Gemeinde besteht aus allen Gliedern des Leibes, die an diesem Ort leben, unabhängig davon, ob sie dort zu einer bestimmten christlichen Gruppe gehören oder nicht.

Wer vor diesem Hintergrund eine *eigene* Gemeinde gründet, muss sich notwendigerweise von anderen Gemeinden oder Gruppen trennen und bildet damit – im biblischen Sinn – eine Sekte. Natürlich sollen Christen zusammenkommen. Wenn sie das auf der Grundlage der Bibel tun, sind sie notwendigerweise von denen getrennt, die das nicht oder nicht so tun. Aber wir kennen im Neuen Testament eben nur die *eine* Versammlung am Ort. Folglich kann es auch nur deren „eine" Identität aller Gläubigen am Ort geben. Falls man eine eigene

Identität stiften wollte, bewiese man dadurch nur, dass man eine christliche Gruppierung geworden ist, die sich bewusst von anderen Gruppen absetzen will.

Auf der Grundlage des Neuen Testaments ist es daher richtig, *einfach* „als Gemeinde" zusammenzukommen, wie es auch am Anfang nach 1. Korinther 11,18 praktiziert wurde. Man muss sich dann bewusst sein, dass man nicht „die" Gemeinde am Ort ist, denn es gibt noch mehr Christen. Man kommt aber so zusammen, dass alle Gläubigen kommen können und auch aufgenommen werden, wenn sie die mehrfach genannten Voraussetzungen für die Gemeinschaft erfüllen (vgl. Seite 152).

So bleibt die *eine* Kirche mit ihrer Identität erhalten, auch wenn nicht alle Gläubigen dieser örtlichen Gemeinde zu diesen Zusammenkünften kommen. Man versammelt sich „als Gemeinde", ohne damit andere Gläubige von sich aus auszuschließen. Wenn sie mit reinem Herzen kommen (vgl. Seite 157), sind sie herzlich willkommen.

6. Wer stellt Älteste an? Der Heilige Geist?

Frage:

*Sie sagen, dass nur Apostel und ihre Abgesandten **in einer örtlichen Gemeinde** Älteste angestellt haben. Aber in Apostelgeschichte 20,28 ist doch zu lesen, dass der Heilige Geist Älteste anstellt. Das kann Er doch auch* *heute tun, so dass man gar keine Apostel mehr nötig hat.*

Antwort:

Es ist wahr, dass der Heilige Geist souverän ist. Er kann beauftragen und abberufen, wen und wie Er will. Das gilt ganz grundsätzlich (vgl. 1. Korinther 12,11). Mit dem Ausdruck, dass der Heilige Geist Älteste in der Gemeinde in Ephesus „gesetzt" hat, ist jedoch *keine Anstellung* gemeint. Er besagt einfach, dass der Geist Gottes bestimmt, welche gläubigen Männer in den jeweiligen örtlichen Versammlungen Älteste sein sollten. Er benutzt zur Anstellung Apostel und deren Abgesandte. Das bestätigen Apostelgeschichte 14,23 und Titus 1,5.

Auf der Grundlage amtlicher und nicht allein moralischer Autorität machten die Apostel und ihre Abgesandten den Willen Gottes diesen Gläubigen und den örtlichen Gemeinden, zu denen sie gehören, deutlich. Aber verantwortlich waren diese Ältesten nicht den Aposteln, sondern Gott selbst. Er hatte sie gesetzt und ihnen diese Aufgabe übertragen. Auch wenn Er sich menschlicher Werkzeuge bediente, war letztlich Er selbst der Auftraggeber.

Es sollte in der Anfangszeit keine Unklarheit darüber herrschen, *wen* der Geist Gottes für diese speziellen Ortsaufgaben vorgesehen hatte. Daher finden wir im Blick auf die Anstellung von Ältesten immer, dass Apostel oder ihre Abgesandten zu dieser Aufgabe einsetzten. Das Wort Gottes lag in der ersten Zeit noch nicht vollständig vor. Daher wollte Gott, dass angestellte Älteste für eine gottgemäße äußere und innere Ordnung in der örtlichen Gemeinde sorgten.

Der Dienst der Ältesten

Auf Seite 92 haben wir schon gesehen, dass heute niemand mehr die amtliche Autorität besitzt, Älteste anzustellen. Die Tatsache, dass es heute keine solchen angestellten Ältesten mehr gibt, bedeutet also nicht, dass der von ihnen ausgeführte Dienst nicht mehr aktuell wäre. Im Gegenteil! Wir brauchen auch heute Gläubige, die sich um die örtlichen Bedürfnisse von Geschwistern kümmern und ihnen nachgehen. Der Herr erwartet, dass geistliche Männer den Geschwistern „vorstehen" (1. Thessalonicher 5,12) und den einzelnen Gläubigen nachgehen, um ihnen in ihrem persönlichen Glaubensleben zu helfen.

Dass es sich dabei nur um Männer und nicht um Frauen handelt, machen die Belehrungen aus 1. Timotheus 3,1-7 deutlich. Diese gläubigen Männer wachen über das geistliche Wohl im örtlichen Zusammenkommen. Sie warnen vor Gefahren, geben geistliche Nahrung, ohne über die Erlösten zu herrschen (1. Petrus 5,3). Diese Ältesten werden die Gläubigen am Ort regelmäßig besuchen und dadurch eine gute Kenntnis von der jeweiligen Situation der Geschwister haben.

7. Brotbrechen: Wann und wie oft?

Frage:

In manchen christlichen Gruppen wird nur noch einmal im Monat oder sogar noch seltener das Abendmahl gefeiert. Was sagt die Bibel eigentlich dazu, wann und wie oft das Abendmahl einzunehmen ist?

Antwort:

Im Neuen Testament finden wir keine direkten Anordnungen, wie oft Christen das Gedächtnismahl des Herrn einnehmen sollen. Man kann in Apostelgeschichte 2,46 lesen, dass die ersten Christen in Jerusalem täglich zusammenkamen, um Brot zu brechen. Aber schon in Apostelgeschichte 20,7 lesen wir, dass nur einige Zeit später der erste Tag der Woche, der Sonntag, für das Zusammenkommen zum Brotbrechen typisch wurde. Bei dieser Gelegenheit fanden dann offenbar auch die Sammlungen statt (vgl. 1. Korinther 16,2).

Es ist also eine gute, auch auf das Wort Gottes gegründete Gewohnheit, sich jeweils am ersten Tag der Woche zu treffen, um das Abendmahl einzunehmen. Aber ein Gesetz gibt es nicht. In der Bibel finden wir keine Anweisung, dass es einmal wöchentlich geschehen *müsse* oder dass es mindestens einmal im Monat sein solle. Wir wollen uns einfach fragen: Der Herr hat sein Leben für uns in den Tod gegeben. So viel tat Er für uns. Ist es da nicht angemessen, einmal in der Woche, an dem Ihm gehörenden Tag (vgl. Offenbarung 1,10), zu seinem Gedächtnis zusammenzukommen? Wir wünschen, gerade an seinem Auferstehungstag von dem Brot zu essen und von dem Kelch zu trinken, indem wir an Ihn, unseren gestorbenen Retter, denken.

Es darf uns ein Herzenswunsch sein, Seiner auch in der Gemeinde zu gedenken. Die Möglichkeit, dass sich brennende Herzen abnutzen, besteht immer. Diese Gefahr mag zwar geringer werden, wenn man seltener zusammenkommt, um in dieser besonderen Weise an Ihn zu denken. Aber das wiederum erhöht die Gefahr, dass die Wichtigkeit des Gedächtnismahls und damit ein brennendes Herz für Ihn und seine Hingabe verloren geht.

Wir sollten nicht vergessen, dass im Blick auf die ersten Christen speziell hervorgehoben wird: „Sie verharrten aber ... im Brechen des Brotes" (Apostelgeschichte 2,42). Hinzu kommt, dass uns der Herr das Gedächtnismahl als sein Vermächtnis wie ein Testament hinterlassen hat. Wenn Er ein solches Verlangen hat, anlässlich dieses Mahles mit uns Gemeinschaft zu haben, sollte das bei uns nicht den Gedanken aufkommen lassen, diesem Wunsch nur ab und zu nachzukommen.

Jesus Christus hat sich *ganz* für uns hingegeben. Sollte das nicht Grund genug für uns sein, regelmäßig am ersten Tag der Woche seinem Wunsch nachzukommen: „Tut dies zu meinem Gedächtnis"?

8. Was ist von einem Gästegottesdienst zu halten?

Frage:

Heute hört man viel von so genannten Gästegottesdiensten. Sie sind ein gutes Mittel, um Menschen zu gewinnen, die der Gemeinde fernstehen. Was halten Sie davon?

Antwort:

Es ist zunächst einmal wichtig, dass man nicht deshalb etwas kritisiert, weil es einen modernen und womöglich englischen Namen hat. Andererseits muss man alles, was neu eingeführt wird, an Gottes Wort prüfen. Was die so genannten Gästegottesdienste betrifft, kommt es natürlich darauf an, was man unter diesem Begriff versteht. Wenn Christen Gottesdienst üben, geht es nicht um *sie*, erst recht nicht um (ungläubige) Gäste, sondern um *Gott*. Ihm dienen wir, Ihn beten wir an, Ihm danken wir. Der Gottesdienst ist also Gott zentriert, das heißt auf Gott hin ausgerichtet.

Wie ist das nun bei Gästegottesdiensten? Sie wurden eingeführt, um Menschen an die Gemeinde heranzuführen. Dazu kennt Gottes Wort jedoch diesen Weg: die Predigt des Evangeliums (Römer 10,14.15). Das aber ist nicht Gottesdienst. Zudem ist jeder „Gottesdienst", der auf die Gäste ausgerichtet ist, menschenzentriert. Das ist letztlich das Gegenteil von Gottesdienst.

Es ist eine wunderbare Aufgabe für Christen, das Evangelium der Gnade Gottes zu verkündigen. Das aber tut nicht die Gemeinde als solche. Sie lehrt nicht, sondern sie wird belehrt, und zwar durch vom Herrn Jesus dazu begabte Männer Gottes (Epheser 4,11-16). In gleicher Weise evangelisiert sie nicht, obwohl sie zweifellos für die Verbreitung des Evangeliums betet.

Ein Gästegottesdienst verfälscht also den eigentlichen Sinn des Gottesdienstes, bei dem es darum geht, Gott und den Herrn Jesus zu loben (Hebräer 13,15). Das können nur solche tun, die Jesus Christus als ihren Erretter angenommen haben. Denn von ungläubigen Menschen nimmt Gott keine Anbetung an. Sie sind Sünder und müssen sich bekehren, damit Gott etwas von ihnen annehmen kann.

Wenn man allerdings mit Gästegottesdienst genau das meint: Menschen durch eine gesunde, auf der Bibel basierende Predigt zu Christus zu führen, dann dürfen wir nicht den Begriff zum Maßstab unserer Beurteilung machen. Er mag falsch gewählt sein. Wenn aber der Inhalt biblisch ist, wollen wir dafür beten, damit „auf alle Weise ... Christus verkündigt wird, und darüber freue ich mich, ja ich werde mich auch freuen" (Philipper 1,18).

9. Was ist von Musikbegleitung im Gottesdienst zu halten?

Frage:

Die Attraktivität von Gottesdiensten kann man dadurch erhöhen, dass man sie durch moderne Musikbegleitung und Lobpreislieder anreichert. Was halten Sie von diesen Ideen?

Antwort:

Wenn es um instrumentale Begleitung von Gottesdiensten geht, stellt sich die Frage: Was für ein Ziel soll damit erreicht werden? Geht es darum, möglichst viele, vor allem junge Menschen für ein solches christliches Zusammenkommen zu gewinnen? Manche christlichen Gruppierungen haben gerade aus diesem Grund die Art der Musik und Lieder verändert. „Alte" Lieder erscheinen nicht mehr zeitgemäß.

Nun ist es unbedingt erforderlich, dass in den Zusammenkünften Lieder gesungen werden, die sowohl junge als auch alte Christen mit Herz und Freude singen können. Die Lieder sollen die geistlichen Empfindungen möglichst aller Anwesenden widerspiegeln. Aber auch bei den Liedern im Gottesdienst geht es nicht zuerst darum, dass wir, die Singenden, erbaut und angezogen werden. Es handelt sich um Anbetungslieder für Gott, unseren Vater, und für den Herrn Jesus. *Er* soll geehrt und verherrlicht werden. Nicht unsere Empfindungen und Gefühle stehen im Vordergrund, sondern seine Ehre, Freude und Heiligkeit. Daher sollten wir uns auch bei der Frage nach Musik und Begleitung durch geistliche und nicht durch menschliche Überlegungen leiten lassen. Mit anderen Worten: Wir fragen, was uns das Neue Testament dazu mitteilt.

Lieder im Neuen Testament

Die zentralen Stellen zu diesem Thema finden sich in Epheser 5,19.20 und Kolosser 3,16. Nun mag man mit Recht fragen: Geht es in diesen Versen überhaupt um die christlichen Zusammenkünfte? Die Antwort lautet: Nein! Diese Verse zeigen in grundsätzlicher Weise, was ein Kennzeichen der christlichen Zeit ist: Lieder sollen aus dem Herzen heraus gesungen werden – Instrumente werden nicht einmal genannt.

In Epheser 5,19 heißt es: „redend zueinander in Psalmen und Lobliedern und geistlichen Liedern, singend und spielend dem Herrn in eurem Herzen." Dort ist von *Instrumenten* keine Rede, sondern in erster Linie von einem Singen in und mit unseren *Herzen*. Das in diesen Versen genannte „singen und spielen [eigentlich: psalmend] im Herzen" soll die Freude, Aktivität und Hingabe ausdrücken, die in alttestamentlicher Zeit durch das instrumentale Begleiten der Lieder sichtbar wird.

Diese Überlegungen zum „neutestamentlichen Singen" sollten uns empfindsam dafür machen, dass es Gott nicht auf die Musik als solche, sondern auf die

Herzenshaltung beim Singen ankommt. Die Instrumentalbegleitung war typisch für die Lieder im Alten Testament. Denn der jüdische Gottesdienst war materieller und sinnlicher Natur: Tieropfer, unterschiedliche Instrumente für leise und laute Begleitung usw. Der christliche Gottesdienst ist dagegen ein geistlicher Dienst (Johannes 4,2,23.34). Daher lesen wir im gesamten Neuen Testament nichts von Instrumentalbegleitung.

Überhaupt werden in den neutestamentlichen Briefen Instrumente, die wir beispielsweise in den Psalmen oft erwähnt finden, nicht genannt. Das sollte allen zu denken geben, denen die Musik in den Zusammenkünften sehr wichtig ist.

Lieder in den Zusammenkünften

Im Blick auf die Zusammenkünfte werden neutestamentliche Lieder zwar erwähnt (als „Psalmen"), aber nicht besonders betont. Das Wort, das Paulus hier benutzt, schließt zweifellos ein, dass es sich um melodische und harmonische Lieder handelt. Aber offensichtlich stehen der Inhalt und nicht die Musik im Mittelpunkt. Genau das Gegenteil ist der Fall, wenn Instrumente dazukommen. Oft wird das Augenmerk dann auf die Begleitung und nicht mehr auf den Inhalt der geistlichen Lieder gelenkt.

Was die Art moderner Musik betrifft, so mag jeder Leser für sich selbst vor Gott prüfen: Passen zu den inhaltsreichen und geistlichen Liedern, die vom Tod und von den Leiden Jesu handeln, moderne Rhythmen? Unser Gott erwartet von uns freudige Herzen, die sich der Tiefe der Leiden Christi auch in Liedern bewusst bleiben. „Alles aber geschehe anständig und in Ordnung" (1. Korinther 14,40).

10. Sollte die örtliche Gemeinde eher zurückhaltend sein, Gläubige aufzunehmen?

Frage:

Was für eine Haltung sollen wir einnehmen, wenn jemand um Aufnahme bittet? Sollten wir nicht angesichts des traurigen Zustands unter den Christen besonders zurückhaltend sein mit der Aufnahme?

Antwort:

Wir haben gesehen, dass uns das Neue Testament den Niedergang des geistlichen Zustands unter den Christen zeigt (vgl. Seite 177). Daher ist es immer ratsam, angesichts der Herrlichkeit unseres Herrn Jesus Christus und der Heiligkeit des Hauses Gottes vorsichtig zu handeln.

Dennoch finden wir immer wieder im Neuen Testament die Aufforderung, aufzunehmen. Zudem lesen wir von der Tatsache, dass die ersten Christen bereitwillig aufnahmen (Apostelgeschichte 15,4; 18,27; 21,17; Römer 16,2; Philipper 2,29; usw.). So gehen wir nicht

fehl in der Annahme, dass wir in erster Linie der Aufforderung Folge zu leisten haben, aufzunehmen. Das sollte unsere Grundhaltung sein, es sei denn, es gibt einen
konkreten Anhaltspunkt, der dies verhindert (vgl. Seite
152). Weiter oben haben wir bereits gesehen, dass wir
nicht aufgefordert werden, in erster Linie abzulehnen
bzw. abzuwehren, es sei denn ... Wir sollten uns diese
positive Haltung zum Aufnehmen bewahren.

Wir dürfen es als ein freudiges Vorrecht ansehen,
Glieder des einen Leibes Christi mit Freude aufzunehmen. Wir werden nicht angewiesen, eine Sicherheits-
garantie zu verlangen, dass diese Christen auch in drei
Jahren noch mit Treue auf dem Glaubensweg gehen.
Diese Sicherheit könnten wir auch bei uns selbst nie
vorlegen. Wir haben jedoch Vertrauen, dass der Herr
den Gläubigen, die in die Gemeinschaft der örtlichen
Gemeinde aufgenommen werden wollen, auch weiter-
hin Kraft und Freude schenkt, Ihm gehorsam zu sein.

Es ist notwendig zu wissen, mit wem wir am Tisch des
Herrn Gemeinschaft pflegen (vgl. 1. Korinther 10,17).
Das kann beispielsweise durch ein Gespräch sicher-
gestellt werden. Vor einem aktiven Umgang miteinander und besonders im Blick auf die Teilnahme beim
Abendmahl wollen wir uns diese Zeit nehmen. Wenn
man jemanden schon länger kennt und verschiedentlich belehrt hat, mag das etwas anders sein. Wir haben
jedoch grundsätzlich sorgfältig zu prüfen, ob die Aufnahme suchende Person ein Kind Gottes ist und den
Herrn Jesus aus einem reinen Herzen anrufen möchte.
Wenn das so ist, werden wir ihr dankbar und freudig

die Rechte (d. i. rechte Hand) der Gemeinschaft geben (vgl. Galater 2,9, wo dieses Prinzip auf Dienstgemeinschaft angewendet wird). Diese Gemeinschaft gilt nicht für einen einzelnen Sonntag, sondern dauerhaft. Daher wollen wir über dieses Thema weiter im Gespräch bleiben. Das gilt gerade dann, wenn eine Person an einem anderen Ort wohnt und daher nur gelegentlich zu der örtlichen Gemeinde kommen kann. Gemeinschaft pflegen bedeutet, sich wenigstens ein bisschen zu kennen und immer besser kennenzulernen. Dadurch kann man Vertrauen zueinander haben und auch Gemeinschaft am Tisch des Herrn verwirklichen (1. Korinther 10,21).

Dieses Miteinander können wir auch freudig verwirklichen, wenn jemand aus einer örtlichen Gemeinde kommt, die nach denselben Grundsätzen zusammenkommt. Dann wissen wir, dass diese Versammlung dieselben Überzeugungen über die Person und das Werk des Herrn Jesus, das persönliche Glaubensleben und die Versammlung hat wie wir. Eine solche örtliche Gemeinde wird das in einem Empfehlungsbrief bestätigen (vgl. 2. Korinther 3,1), sofern die betroffene Person an unserem Ort unbekannt ist. Dieser Brief empfiehlt eine Person für die Gemeinschaft der Erlösten an einem anderen Ort (vgl. Phöbe, Römer 16,1.2). Das schließt auch die Gemeinschaft am Tisch des Herrn mit ein, geht aber weit darüber hinaus. Gemeinschaft beinhaltet mehr als nur das Brotbrechen, auch wenn dieses sicher Höhepunkt dieser Gemeinschaft ist.

11. Gehören Taufe und Brotbrechen zusammen? Muss man erst getauft sein?

Frage:

Es gibt Gemeinden, in denen die Taufe direkt mit der Aufnahme zum Brotbrechen verbunden wird. Sind Taufe und Brotbrechen beide direkt mit dem Zusammenkommen als Gemeinde verknüpft? Ist die Taufe Voraussetzung, um am Brotbrechen teilnehmen zu können?

Antwort:

Um die Bedeutung der Taufe besser zu verstehen, ist es hilfreich, sich die Taufpraxis in der Apostelgeschichte anzusehen (z. B. Kap. 2,38.41; 8,12.36; 16,15.33 usw.). Dann wird deutlich, dass die Taufe in der Anfangszeit des Christentums unmittelbar auf die Bekehrung eines Menschen folgte. Das heißt, die Taufe wird mit dem *persönlichen Glauben* an den Herrn Jesus verbunden. Eine Verbindung von Taufe und Aufnahme in die Gemeinschaft der örtlichen Gemeinde finden wir im Neuen Testament dagegen nicht.

Nachdem sich Menschen damals bekehrten, wollten sie dem Herrn Jesus nachfolgen. Sie wünschten auch, sich bei denen aufzuhalten, die schon bekehrt waren und somit zur Gemeinde Gottes gehörten. Wie wir bereits gesehen haben, ist die persönliche Bekehrung Voraussetzung dafür, am Brotbrechen teilzunehmen (siehe Seite 152). Ein direkter Bezug zwischen Taufe und Gemeinde wird jedoch an keiner Stelle hergestellt. Bestätigt wird das in den vier Stellen in den Briefen (Römer-, Galater-, Kolosser- und 1. Petrusbrief), die das Thema Taufe lehrmäßig behandeln.

In Römer 6,3 lernen wir, dass die christliche Taufe auf den Tod Christi stattfindet. Sie verbindet den Erlösten in seinem *persönlichen* Leben mit dem gestorbenen Christus, der von dieser Welt verworfen und als Begrabener aus deren Blickfeld verschwunden ist. Aus Kolosser 2,12 wissen wir, dass wir durch die Taufe mit Christus begraben und dann auch auferweckt worden sind. Als geistlich Auferstandene können wir ein ganz neues Leben führen, das mit unserem alten Menschen nichts mehr zu tun hat. Wir leben jetzt wie Christus, nicht mehr wie sündige Menschen.

In Galater 3,27 belehrt uns der Apostel Paulus darüber, dass wir als Getaufte Christus angezogen haben. Der Christ ist nicht mit dem Judentum, sondern mit Christus und dessen persönlicher Stellung als Mensch vor und bei Gott und mit dessen Segnungen verbunden. In 1. Petrus 3,21 schließlich erfahren wir, dass die Taufe rettet, und zwar aus einem Bereich, der unter dem Gerichtsurteil Gottes steht, hin zum Segensbereich Gottes. Diese Welt steht unter dem verurteilenden Gericht Gottes. Es ist noch nicht ausgeführt worden. Das aber ist nicht mehr eine Frage des „ob", sondern nur noch des „wann". So lange wir nicht getauft sind, gehören wir äußerlich zu dieser Welt und nicht zu Christus. Erst die Taufe verbindet uns auch dem Bekenntnis nach mit

Christus, der als der Verworfene nicht zu dieser Welt gehört.

Auf Christus getauft zu werden bedeutet zudem, (persönlich) sein Jünger zu werden, d. h. Ihm konsequent zu folgen in einer Welt, die Ihn verwirft. Das Ziel eines Jüngers ist es, zu werden wie sein Meister.

Diese Ausführungen zeigen, dass es keine formale Beziehung zwischen Taufe und Abendmahl gibt. In diesem Sinn ist die Taufe *keine formale* Bedingung für die Teilnahme am Tisch des Herrn. Andererseits zeigen die oben angeführten Stellen, dass Bekehrung und Taufe im Neuen Testament immer miteinander verbunden sind. Ein Bekehrter wird sich also zunächst taufen lassen, um dann auch den Wunsch zu äußern, am Tisch des Herrn Gemeinschaft haben zu können.

Auf Seite 152 haben wir über die Voraussetzungen für die Teilnahme am Brotbrechen nachgedacht. Dazu gehört, dass jemand erlöst ist, das heißt, sich bekehrt hat. Wir finden keinen Hinweis, dass man getauft sein muss, um vom Brot zu essen und vom Wein zu trinken. Dennoch heißt das nicht, dass die Taufe bedeutungslos für die örtliche Gemeinde wäre. Denn ich muss mich fragen, warum ich mich *nicht* taufen lassen möchte: Was veranlasst einen Erlösten, sich nicht durch die Taufe auf die Seite des verworfenen Herrn Jesus Christus zu stellen? Wenn jemand den Wunsch gerade dieses gestorbenen und auferstandenen Herrn Jesus erfüllen möchte: „Tut dies zu meinem Gedächtnis!", kann er unmöglich „nein" sagen zu der Aufforderung des Herrn, sich taufen zu lassen.

Mit anderen Worten: Wenn auch die Taufe keine formale Voraussetzung für das Brotbrechen ist, passt eine ausdrückliche Weigerung, sich taufen zu lassen, nicht zur Teilnahme am Abendmahl. Beides, die Taufe und das Abendmahl, sind Einrichtungen, von denen der eine Herr wünscht, dass wir sie verwirklichen. Wie kann ich den einen Wunsch bejahen, den anderen aber verneinen? Das passt nicht zusammen.

12. Müssen Frauen wirklich in der Gemeinde schweigen?

Frage:

Paulus schreibt in 1. Korinther 14,34-36 davon, dass Frauen in der Gemeinde schweigen sollen. War das auf Korinth beschränkt, weil diese Anweisungen im besonderen kulturellen Umfeld Korinths begründet liegen? Sind diese Belehrungen auf die damalige Zeit beschränkt?

Antwort:

Die Frage, ob Frauen in den Zusammenkünften grundsätzlich schweigen müssen, hat schon viele Christen beschäftigt. Wir leben heute in einer Gesellschaft, in der es unstatthaft ist, Frauen anders zu behandeln als Männer. Insbesondere der Versuch, den Tätigkeitsbereich und die Autorität von Frauen einzuschränken, gilt als verwerflich.

Wir wollen klar erkennen: Mit einer solchen Gesinnung werden wir die Bibel nicht verstehen können. Sie ist Gottes Wort. Gott offenbart sich und seine Gedanken darin. Wenn wir die Bibel in dem Bewusstsein lesen, dass Gott den Menschen segnen möchte, werden wir dagegen viel Nutzen aus der Bibel ziehen. Auch die Gebote, die Gott uns in seinem Wort gibt, sind zu unserem Segen, selbst wenn wir eine Zeit lang brauchen, um das zu erkennen. Wenn Gott einer Person oder einem Personenkreis Einschränkungen vorschreibt, ist es immer segensreich, das von Herzen zu akzeptieren.

Der 1. Korintherbrief bezieht sich auf viele Besonderheiten, die es unter den Gläubigen in Korinth gab. Das wird auch dadurch deutlich, dass Paulus mit diesem Brief teilweise auf ein Schreiben antwortet, das er aus Korinth erhalten hat (vgl. Kap. 7,1). Dennoch macht der Apostel bereits am Anfang seiner Botschaft unmissverständlich klar, dass dieser Brief *nicht nur* Gültigkeit in Korinth hat. Er schreibt an die Heiligen, die Gläubigen „an jedem Ort" (Kap. 1,2). Somit hatte das Schreiben schon zu Lebzeiten von Paulus Bedeutung in allen Gemeinden (vgl. Kap. 14,33). Immer wieder weist Paulus auf die Allgemeingültigkeit des Briefes hin: „So ordne ich es in allen Versammlungen an" (1. Korinther 7,17; siehe auch 11,16; 14,33; 14,34; 16,1).

Der von Gottes Geist inspirierte erste Korintherbrief (vgl. 1. Korinther 2,12.13) besitzt auch Autorität für uns *heute*. Wir wissen nicht, wie viele Briefe die Apostel geschrieben haben. Es gibt einige Anhaltspunkte dafür, dass es mehr waren als diejenigen, die zum Wort Gottes gehören (vgl. zum Beispiel im sehr frühen Schreiben den Hinweis auf andere Briefe, 2. Thessalonicher 3,17; 3. Johannes 9). Diejenigen Briefe, die Gott für seine Heilige Schrift ausgewählt hat, sind inspiriert. Damit sind sie nicht nur örtlich und zeitlich unbegrenzt, sondern dauerhaft verbindlich in ihrer Belehrung für den Christen.

Paulus gebietet in Kapitel 14,34, dass „die Frauen in den Versammlungen (Gemeinden) schweigen sollen, denn es ist ihnen nicht erlaubt zu reden". Das schließt direkt an die oben zitierte Bemerkung in Vers 33 an: „wie in allen Versammlungen der Heiligen". Mit anderen Worten: Auch 1. Korinther 14,34 gilt für uns heute.

Die Anordnungen für Frauen in der Gemeinde

Die Anordnungen, die Paulus im Blick auf Frauen trifft, mögen auf den ersten Blick hart erscheinen: Er überträgt Frauen keine Leitungsfunktionen in den örtlichen Gemeinden. Sie dürfen nicht einmal reden in den Gemeindestunden, ja „sie sollen schweigen ... denn es ist schändlich für eine Frau, in der Gemeinde zu reden" (V. 34.35). Gott hat das durch Paulus so abschließend angeordnet. Wir wollen es daher auch heute noch so annehmen.

Das „Schweigen" steht in 1. Korinther 14 im Gegensatz zum „Reden". Als Beispiele des Redens finden wir Sprache (V. 13), Beten (V. 14), Psalm, Lehre, Offenbarung, Sprache, Auslegung (V. 26) und Weissagung (V. 29). Paulus geht es also nicht darum, dass Frauen nicht schwätzen sollen. Natürlich, auch das wäre störend und unangebracht in einem Zusammenkommen als Versammlung. Darauf aber bezieht sich der Apostel mit seinem Schweigegebot nicht. Er verbietet das aktive, hörbare Teilnehmen an den Zusammenkünften durch das Vorschlagen von Liedern (Psalmen), das hörbare Beten und das Predigen.

Wir haben dabei noch einmal zu bedenken, dass alles, was Gott uns sagt, zu unserem Segen ist. Gott möchte gläubigen Frauen nicht wehtun, sondern Er weist ihnen die Aufgaben zu, die gut für sie und die Empfänger ihrer Dienste sind. Er segnet Schwestern, die bereit sind, sein Wort zu befolgen. Seine Gebote sind zudem ein Schutz für die Frau. Wenn man zum Beispiel die Worte von Jakobus: „Seid nicht viele Lehrer, meine Brüder, da ihr wisst, dass wir ein schwereres Urteil empfangen werden" (Jakobus 3,1) mit den weiteren Anordnungen des Apostels Paulus vergleicht: „Ich erlaube aber einer Frau nicht, zu lehren noch über den Mann zu herrschen" (1. Timotheus 2,12), dann bewahrt Gott die Frau vor solch einer schweren Beurteilung.

Abgesehen davon haben diese Vorschriften überhaupt nichts mit dem Wert von Frauen zu tun. Paulus war kein Frauenfeind, wie man gelegentlich liest und hört. Gott hat durch ihn gesprochen und den Frauen einen Platz des Segens gegeben, wo sie ihre Fähigkeiten und Aufgaben am besten ausführen können. Wenn eine Frau das versteht, werden die biblischen Anweisungen ihr Selbstwertgefühl nicht zerstören, sondern wahre Freude und tiefen Frieden bewirken. Denn Gott ist gut in allem, was Er tut und vorschreibt.

Praktische Konsequenzen

Wer also heute auf der Suche nach einem bibeltreuen Zusammenkommen ist, wird diese Belehrungen nicht vernachlässigen. Wer daran festhält, wird schnell als gesetzlich und hochmütig abgestempelt. Aber dem Wort Gottes gehorsam zu sein, das hat weder mit Gesetzlichkeit noch mit Hochmut zu tun. Im Gegenteil: Man zeigt Gott gegenüber eine demütige Haltung und ordnet sich Ihm unter.

Es kommt noch etwas hinzu: Eine Frau darf sich durch unterschiedliche Bibelstellen ermutigen lassen, solche Aufgaben auszuführen, die Gott für sie vorgesehen hat. Dazu gehört das anhaltende Gebet für den Ehepartner, die Familie, die Gläubigen am Ort usw. Paulus schreibt an Titus, dass ältere Schwestern die Jüngeren in vielfacher Hinsicht unterweisen dürfen, ein praktisches Christenleben zur Ehre Gottes zu führen (vgl. Titus 2,4.5). Dazu gehört übrigens auch die Unterstützung des Dienstes ihres Ehemanns, wenn Gott der Frau einen Ehepartner geschenkt hat (vgl. Apostelgeschichte 18,26). Die Gastfreundschaft ist eine besonders schöne Aufgabe für Frauen (Hebräer 13,2). Und haben sich nicht mehr Kinder durch ihre Mütter bekehrt als durch ihre Väter? Der Lohn des Herrn dafür wird groß sein.

Daneben gibt es eine Vielzahl von Möglichkeiten für gläubige Frauen, dem Herrn zu dienen (Kinderstunde, auch mit ungläubigen Kindern der Nachbarschaft; Gespräche mit Nachbarinnen; usw.). Das alles wird sie tun, ohne ihre Stellung der Unterordnung unter den Mann zu verlassen (vgl. Epheser 5,22). Sie muss sich gegen die von Gott vorgesehene Position nicht auflehnen. Gott hat sie ihr nicht gegeben, um sie zu ärgern, sondern um sie zu segnen. Diesen Platz des Segens wird eine Frau vielleicht besonders dann annehmen, wenn wir Männer unsere Aufgaben in Treue ausführen und kein Vakuum durch Tatenlosigkeit entstehen lassen. Aber selbst wenn wir darin versagen würden, bleibt es segensreich für die gläubige Frau und für uns alle, wenn wir diese Gebote Gottes durch die Apostel akzeptieren.

13. Was für eine Bedeutung haben Schwestern in der Gemeinde?

Frage:

Im Neuen Testament liest man fast ausschließlich von Brüdern. Ist die biblische Gemeinde eine frauenfeindliche Gesellschaft?

Antwort:

Man kann nicht sagen, dass Frauen in der Bibel und im Neuen Testament nur nebenbei erwähnt würden.

Schon das erste Kapitel des Neuen Testaments, in dem das Geschlechtsregister des Messias aufgelistet wird, misst Frauen eine große Bedeutung bei.

Immer wieder lesen wir im Neuen Testament von Frauen (Priscilla, Phöbe, Tabea, in Titus 2, 1. Korinther 11 usw.). Der Geist Gottes hat sogar einen ganzen Brief des Neuen Testaments an eine gläubige Frau geschrieben: den zweiten Johannesbrief.

Mit folgender Regel kommt man im Allgemeinen zum richtigen Verständnis:

- Wenn man den Ausdruck „Brüder" im Neuen Testament liest, sind die Schwestern mit eingeschlossen.[11] Gott wendet sich dann an alle Geschwister, gläubige Männer *und* Frauen, die ermuntert oder ermahnt werden.

- Wenn man von Männern oder Frauen liest, werden die geschlechtsspezifischen Unterschiede betont: Frauen sollen in der Gemeinde schweigen und sich beim „Beten oder Weissagen" bedecken usw. Männer sollen an jedem Ort beten und sich beim „Beten oder Weissagen" nicht bedecken usw.

---

11 Es scheint eine interessante Ausnahme in 1. Korinther 14,26 zu geben, also gerade in dem Kapitel, wo es um die Zusammenkünfte der Christen geht. Damit aber hier überhaupt kein falsches Verständnis aufkommen kann, betont der Apostel Paulus in den Versen 34–36 ausdrücklich, dass Frauen schweigen sollen in den Versammlungen. Es wird ihnen konkret untersagt zu reden. Ein Reden in den Zusammenkünften, das Paulus als Gegensatz zum Schweigen nennt, ist schändlich für eine Frau. Dass Paulus hier von „Brüdern" spricht, obwohl er nur die gläubigen Männer meint, könnte daran liegen, dass der Apostel besonders an die geistlichen Motive seiner Empfänger appelliert.

Man kann sich fragen, warum wir im Neuen Testament von „Brüdern" und nicht von „Geschwistern" lesen. Wir müssen bedenken, dass Gott die Sprache und Sprachkultur der damaligen Zeit verwendet hat, in der Er die Bibel hat schreiben lassen. Im ersten Jahrhundert nach Christus sprach man aufgrund der patriarchalischen Gesellschaft von „Brüdern", meinte damit aber Brüder und Schwestern. Im Griechischen gibt es nicht einmal ein vergleichbares Wort für „Geschwister", so dass man unter „Brüder" von Anfang an die Bezeichnung für alle Glaubensgeschwister verstanden hat. Im Griechischen ist der Bruder „adelphos" (Mehrzahl adelphoi), die Schwester „adelphä" (Mehrzahl adelphai), d. h., sie unterscheiden sich nur durch die Endungen (männlich, weiblich). In der Mehrzahl bedeutet adelphoi nach Angabe der Wörterbücher an manchen Stellen „Geschwister", das heißt Brüder und Schwestern zusammen.

Wenn damals der heute verwendete Sprachstil und auch entsprechende Vokabeln existiert hätten, würde man im Text, bezogen auf die deutsche Sprache, sicher den Ausdruck „Geschwister" finden.

Mit anderen Worten: Die oben gestellte Frage hat mit der Sprache und ihrer Kultur zu tun. Gott drückt durch das Verwenden des Ausdrucks „Brüder" keine Missachtung der Frau aus. Das besondere Hervorheben des Glaubens und der Einsicht von Maria Magdalene und Maria von Bethanien sowie anderer Frauen in der Bibel bezeugt dies auf eindrückliche Weise. Gleichwohl wollen wir bei diesen Gedanken die grundsätzliche Stellung der Frau in der Gemeinde nach den Gedanken

Gottes nicht außer Acht lassen. Die Frau hat in Gottes Gedanken einen Platz der Unterordnung, der Mann der Führung. Er soll diesen Platz in Liebe ausfüllen, die Frau in Achtung vor Gott und dem Mann. Es ist bedeutsam, dass Frauen siebenmal in den Briefen ermahnt werden, sich unterzuordnen.

14. Sollte man den Prediger für den Gottesdienst vorher festlegen?

Frage:

Wie kann man sicherstellen, dass die örtliche Gemeinde gute, ausgewogene geistliche Nahrung erhält? Ist es da angebracht, vorher festzulegen, wer am jeweiligen Sonntag die Predigt hält? So kann sich derjenige ausreichend auf seinen Predigttext vorbereiten.

Antwort:

Wir leben in einer Zeit, die durch Oberflächlichkeit und Toleranz geprägt ist. Manchmal hat man den Eindruck, dass sich zu wenige Gläubige intensiv mit Gottes Wort beschäftigen. Dadurch sind zu wenige in der Lage, „gesunde Lehre" weiterzugeben (1. Timotheus 1,10; 6,3; 2. Timotheus 4,3; Titus 1,9; 2,1). Da liegt es nahe, eine Lösung zu suchen, die wenigstens in gewissem Maß sicherstellt, dass eine vernünftige Predigt geboten wird.

Solch ein Vorgehen hat aber einen großen Nachteil: Es sind menschliche Überlegungen, die einen geistlichen Mangel auf menschliche Weise beheben sollen. Besser ist es, Gott nach *seinen* Gedanken zu befragen. Diese finden wir in seinem Wort. Und im Neuen Testament gibt es keinen Hinweis, für das Zusammenkommen zur Erbauung im Vorhinein festzulegen, wer worüber predigen sollte.

Im Gegenteil! Wenn man einmal bedenkt, was für eine Unordnung in Korinth herrschte, hätte es im Sinne dieser Frage nahegelegen, dass der Apostel Paulus eine feste Ordnung vorgibt. Genau das aber tut er nicht. Er verlangt gewisse Einschränkungen, ohne die Freiheit des Wirkens des Heiligen Geistes zu unterbinden: „Daher, meine Brüder, eifert danach, zu weissagen, und wehrt nicht, in Sprachen zu reden" (1. Korinther 14,39). Allerdings stellt er die gläubigen Männer in das Licht Gottes und verlangt, dass sie Verantwortung übernehmen: „Alles aber geschehe anständig und in Ordnung" (V. 40).

Die richtige Antwort auf geistlichen Mangel ist somit eine andere. Wir sollten uns persönlich fragen, was wir in unserem Leben ändern können, damit wieder gesunde, ausgewogene und ausreichende geistliche Nahrung geboten wird. Diese Erneuerung beginnt immer im persönlichen Leben und wird Auswirkungen haben auf andere. Wie das Sprichwort sagt: „Von nichts kommt nichts." Das gilt auch im Glaubensleben. Wenn die örtliche Versammlung ernährt werden soll, müssen sich die Gläubigen mit Gottes Wort beschäftigen. Das

Wort Gottes muss reichlich in ihnen wohnen (Kolosser 3,16). Dabei können sie sich gegenseitig unterstützen. Beispielsweise durch

- die örtlichen Zusammenkommen zur Erbauung und durch die Bibelstunden

- Hauskreise

- Jugendstunden

- die Weitergabe von belehrenden Büchern und Zeitschriften

- gemeinsames Beten

Nur diese Maßnahmen werden einen geistlichen Missstand beheben können.

Aus der persönlichen intensiven Beschäftigung mit dem Wort Gottes und dem geistlichen Austausch untereinander wird das Zusammenkommen zur Erbauung nach 1. Korinther 14 belebt. So dürfen alle Anwesenden mit der Bitte zusammen sein, vom Herrn geleitet zu werden. Er selbst soll dann bestimmen, wen Er mit welcher Botschaft anhand welchen Bibeltextes benutzen möchte. Es brauchen ja nicht immer zehntausend Worte zu sein. Es können sogar fünf Worte zur Erbauung dienen (V. 19). Und es muss sich auch nicht auf den Dienst eines Bruders beschränken. Es wird sogar ausdrücklich gesagt: „Propheten aber *lasst* zwei oder drei reden" (V. 29). Das nimmt den Druck von den Rednern, über die persönliche Kraft und Fähigkeit hinaus reden zu müssen.

15. Zu wem beten wir?

Frage:

Zu wem sollen wir in den Gebetsstunden beten? Zu Jesus Christus oder zu Gott? Viele Gläubige beten zum Heiligen Geist: Ist auch das empfehlenswert?

Antwort:

Zwischen den einzelnen Personen der Gottheit gibt es keine Eifersucht. Wir finden im Neuen Testament Gebete zum Herrn Jesus und auch Gebete zu Gott, dem Vater. In Apostelgeschichte 1,24 und 7,60 lesen wir, dass Gläubige zum Herrn Jesus gebetet haben. In Matthäus 18,19.20 sowie in Johannes 16,23 lesen wir, dass Erlöste zu Gott, dem Vater, beten dürfen.

Auch Paulus betete zu Gott, dem Vater (vgl. Epheser 1,16.17; 3,14) und zum Herrn Jesus (2. Korinther 12,8). Für beides gibt es noch manche andere Beispiele. Darüber hinaus beteten die Gläubigen zu Gott, dem Schöpfer (Apostelgeschichte 4,24) sowie zu Gott als solchem (Philipper 1,3; Apostelgeschichte 12,5).

Mit anderen Worten: Wir haben Freiheit, sowohl zum Herrn Jesus Christus als auch zu Gott, der unser

Vater geworden ist, zu beten. Wenn wir als Diener des Herrn bitten, werden wir uns eher an den Herrn Jesus Christus wenden. Der verherrlichte Christus hat nach Epheser 4,11 die Diener in sein Werk berufen. Wenn es um die Versorgung und Bewahrung geht, beten wir besonders zu unserem himmlischen Vater (Matthäus 6,30-34; Jakobus 1,17).

Kein Gebet zum Heiligen Geist

Wir finden im Neuen Testament allerdings kein einziges Beispiel für ein Gebet zum Heiligen Geist. Wir wissen aus Apostelgeschichte 2 sowie 1. Korinther 3,16 und Kapitel 6,19, dass der Geist Gottes aus dem Himmel auf diese Erde gekommen ist. Der Herr Jesus spricht in Johannes 14-16 davon, dass der Geist Gottes eine *dienende Funktion* ausübt. Er wohnt in uns und bewirkt die Gebete, die wir sprechen (Offenbarung 22,17; Römer 8,26). Er führt uns in die ganze Wahrheit des Wortes Gottes ein. Er verherrlicht Christus, das heißt, Er stellt den Sohn groß vor unsere Augen. Daher beten wir nicht *zum* Heiligen Geist, obwohl Er Gott ist (!). Wenn Gott das gewollt hätte, hätte Er uns mindestens ein Beispiel in seinem Wort gegeben. Nein, wir beten im Heiligen Geist (Judas 20) und durch Ihn. Er verwendet sich für uns, so dass unsere Gebete in gottgemäßer Weise an Gott, den Vater, und an den Herrn Jesus gerichtet werden (Römer 8,26.27).

16. Schluss

„Wenn ihr als [in] Versammlung zusammenkommt"
(1. Korinther 11,18).

Wir haben einige wesentliche Aspekte der biblischen Gemeinde im Licht des Wortes Gottes angeschaut. Dadurch sollte es möglich sein, auf wichtige Fragen zum Thema „Gemeinde" Antworten geben zu können. Dazu gehören: Gibt es heute noch die biblische, die „richtige" Gemeinde? Wie soll man unter den vielen christlichen Gruppierungen heute den richtigen Weg finden können?

Besonders wertvoll ist es, darüber nachzudenken, was für ein Vorrecht wir besitzen, im Namen des Herrn Jesus auf dieser Erde zusammenkommen zu können. So etwas gab es nicht in der Zeit des Alten Testaments. Und wenn der Herr Jesus seine Kirche in den Himmel entrückt, wird es solch einen Vorzug auf dieser Erde nie wieder geben.

Gott hat uns eine Möglichkeit geschaffen, während sein geliebter Sohn im Himmel ist, auf der Erde dessen persönliche Gegenwart zu genießen. Denn die Versammlung Gottes hat *ein* Zentrum: Das ist Christus. Sie hat *ein* Fundament: Das ist Christus, der Sohn Gottes. Sie hat *eine* Hoffnung: Das ist Christus. Sie hat eine Sicherheit: Das ist Christus. Und es gibt keinen anderen „Ort" auf der Erde, wo man in dieser einzigartigen Weise Ihm selbst begegnen könnte, als dann, wenn man in seinem Namen versammelt ist. Er hat zugesagt, dann persönlich in der Mitte zu sein. Er ist dann zwar unsichtbar, weil Er nicht leibhaftig erscheint. Aber das heißt nicht, dass Er nicht persönlich anwesend wäre. Was für ein Segen, zu Ihm hin versammelt zu sein.

Wenn uns dieser Segen mehr bewusst ist, werden wir alles das tun wollen, was Er uns in seinem Wort über seine Kirche und ihr Zusammenkommen mitteilt. Unser Gemeindeleben soll ja nicht auf menschlichen Überlegungen ruhen, sondern auf Gottes Wort. Wir haben auch gesehen, was eine örtliche Gemeinde, die der Lehre des Neuen Testaments gehorsam sein will, nicht tut. Die Verwirklichung der biblischen Grundsätze hängt oft nicht davon ab, was man weiß, und erst recht nicht davon, wie intelligent man ist. Entscheidend ist unsere innere Haltung: Bin ich bereit, in allem gehorsam zu sein, auch wenn es zunächst schmerzhaft sein mag?

Vielleicht werden Sie in Ihrer Familie allein dastehen, was die Verwirklichung von Gottes Gedanken zu seiner Kirche betrifft. Möglicherweise erfahren Sie durch eine entschiedene Haltung Verachtung und sogar Hass von Seiten derer, die Sie bislang für Freunde hielten. Lassen Sie sich dadurch nicht entmutigen. Wer Gott gehorsam sein möchte, wird von Ihm geehrt werden (1. Samuel 2,30). Er wird den Segen Gottes erfahren!

Drei Aspekte, die bislang noch nicht angesprochen worden sind, möchte ich abschließend erwähnen.

1. Gläubige suchen eine Gemeinde, in der sie sich wohlfühlen können. Das ist verständlich. Und es ist auch richtig. Allerdings werden wir

immer enttäuscht werden, wenn wir auf Menschen und ihre liebevolle Zuwendung sehen. Denn an jedem Ort wird es sowohl Personen geben, die uns eher sympathisch erscheinen, als auch solche, die uns menschlich gesehen eher unsympathisch sind. Daher sollte man die Entscheidung, welche christlichen Zusammenkünfte man besuchen will, nicht von Menschen und ihrer Ausstrahlung abhängig machen. Denn auch hier werden früher oder später menschliche Konflikte auftreten. Dabei müssen wir immer bedenken: So, wie andere Gläubige Kanten und Ecken besitzen, haben auch wir selbst solche; meistens noch mehr als die anderen ... Dennoch möchte unser Herr, dass wir uns in der örtlichen Versammlung wohlfühlen. Man denke an den barmherzigen Samariter, von dem Jesus Christus einmal sprach. Dieser Samariter hat den unter die Räuber gefallenen Menschen nicht in irgendeine Unterkunft abgeschoben. Er selbst trug Sorge für ihn und brachte ihn in eine Herberge (Lukas 10,30-37). Eine Herberge ist ein Ort, an dem man sich wohlfühlt. Er steht für eine liebevolle Atmosphäre. Man kann dieses Haus mit der örtlichen Gemeinde vergleichen, die eine Atmosphäre der Liebe und Fürsorge ausstrahlt. Könnte Christus da sein, wo dieses Klima nicht vorhanden ist? Er möchte, dass wir uns wohlfühlen an dem Ort, wo wir nicht nur mit anderen Christen zusammentreffen, sondern gerade auch mit Ihm selbst (Matthäus 18,20). Mit anderen Worten: Wenn wir Gottes Gedanken über seine Kirche wirklich in die Tat umsetzen, wird eine solche Atmosphäre zu spüren sein.

2. Die örtliche Gemeinde ist kein Ort, wo nur ein bestimmter Menschenschlag oder eine in besonderer Weise ausgebildete Menschengruppe (sagen wir Arbeiter oder Akademiker) willkommen ist. Wenn man sich die Menschen anschaut, aus denen die Versammlung in Korinth bestand, wird das deutlich. Dort waren Menschen mit moralisch schlimmer Herkunft zusammen vorhanden wie Intellektuelle. Wer das bedenkt, wird jeden, der sich bekehrt, also Jesus Christus in sein Herz aufgenommen hat und in Aufrichtigkeit dem Herrn Jesus nachfolgen will, gerne aufnehmen. Die Korinther waren vor ihrer Bekehrung Unzüchtige, Götzendiener, Ehebrecher, Homosexuelle, Diebe, Habsüchtige, Alkoholabhängige, Schmäher, Räuber usw. gewesen (1. Korinther 6,9-11). Mit anderen Worten: Es gab nichts, was es dort nicht gab. So ist das auch heute. Die christliche Gemeinde ist kein Platz für solche, die sich besser fühlen als andere. Sie ist ein Ort, wo die Herkunft keine Rolle spielt. Dort hat sowohl der schlimmste Verfolger der Gemeinde, Paulus, seinen Platz wie ein frommer Hauptmann, Kornelius. Dort hat der intelligenteste Professor seinen Platz wie der einfachste Arbeiter. Sie alle

sind dem Herrn Jesus Christus willkommen. Wer Ihm willkommen ist, ist es auch uns. Wo das nicht Wirklichkeit ist, kann in der Praxis nicht die Versammlung Gottes sein. Denn Jesus Christus hat gesagt: „Kommt her zu mir, alle [ausnahmslos], ihr Mühseligen und Beladenen, und ich werde euch Ruhe geben" (Matthäus 11,28).

3. Der Segen, den Gläubige als Glieder der Gemeinde *gemeinschaftlich* haben, steht nicht im Wettbewerb zum Segen des *persönlichen* Glaubenslebens. In Gottes Wort finden wir sowohl persönliche als auch gemeinschaftliche Segnungen (Epheser 1 und 3). Gott schenkt uns beides. Wir können jedoch beide Arten von Segnungen nur dann genießen, wenn wir *in beiden Bereichen* Gottes Wort gehorsam sein wollen. Gott wünscht von uns, dass wir nicht mit einem Teil seines Segens zufrieden sind. Er hat uns beides geschenkt. In dieser Hinsicht sollen wir kühn und im geistlichen Sinn ehrgeizig sein.

Der *Weg des Gehorsams* unter Gottes Wort ist immer der *Weg des Segens* – äußerlich gesehen vielleicht nicht auf kurze Sicht, aber sicher auf lange Sicht. Was kann es Schöneres geben, als die Zustimmung unseres Herrn und Meisters zu haben? Wenn man über die Versammlung Gottes nachdenkt, dann führt das gedanklich zu Ihm. Gott hat uns in Christus persönlich und auch als Gemeinde Gottes korporativ reich gesegnet.

Ihm sei dafür die Ehre durch seinen Sohn, unseren Retter, Jesus Christus.

17. Empfehlungen: Bücher und Internetseiten

In diesem vergleichsweise kurz gehaltenen Buch konnte ich viele Punkte nicht eingehender erläutern. Daher folgen hier ein paar Buchempfehlungen. In diesen Büchern behandeln die Autoren das Thema der Gemeinde ausführlicher. Zudem bieten sie auf eine Reihe von Detailfragen Antworten an. Alle Bücher sind beim herausgebenden Verlag, Christliche Schriftenverbreitung, Hückeswagen, erhältlich.

Auch an dieser Stelle ermutige ich noch einmal dazu, sich mit dem zu unterhalten, der Ihnen das Buch überreicht hat. Er und auch der herausgebende Verlag stehen Ihnen gerne für Antworten zur Verfügung.

„Die Versammlung des lebendigen Gottes"
von Rudolf Brockhaus

In diesem Buch (104 Seiten) behandelt Rudolf Brockhaus, der kurz vor dem Zweiten Weltkrieg heimgegangen (gestorben) ist, besonders die Gemeinde als Haus Gottes und als Leib Christi. Darüber hinaus beschäftigt er sich mit den Gaben und Ämtern in der

Versammlung. Schließlich widmet er sich ausführlicher den prophetischen Kommentaren zur Gemeinde Gottes, wie wir sie in Offenbarung 1 bis 3 finden. Dieses Buch ist sehr verständlich geschrieben und für den interessierten Leser sehr zu empfehlen.

Meilensteine im Leben des Christen (Band 2):
„Das Brotbrechen" von Ernst-August Bremicker

Ernst-August Bremicker behandelt in diesem Werk (94 Seiten) das Thema „Brotbrechen". Es stellt eines der zentralen Punkte der örtlichen Gemeinde dar. Zunächst geht er darauf ein, was die Handlung des Brotbrechens wirklich bedeutet. Dann beantwortet der Autor die Fragen, warum wir das Brot brechen, „wo" wir das Brot brechen und was wir beim Brotbrechen eigentlich tun. Er geht auch auf die Fragen ein, wann und in was für einer Haltung wir das Brot brechen und wer am Brotbrechen teilnimmt. Dieses Buch gibt eine Reihe von Denkanstößen und ist gerade für jüngere Leser gut geeignet.

„Jesus Christus in der Mitte – Biblische Einheit verwirklichen" von Michael Hardt

In diesem Heft (48 Seiten) von Michael Hardt findet der Leser eine umfangreiche Fragen & Antworten-Sammlung zum Thema „Gemeinde". In 26 Fragen & Antworten zu diesem Thema behandelt der Autor die wesentlichen Aspekte der Versammlung, die einen aktuellen Bezug zu unserem heutigen Gemeindeleben haben. In prägnanter Weise vermitteln diese Antworten einen guten Überblick über dieses Thema. Aus diesem Buch kommt im Übrigen auch die bildhafte Beschreibung des Vogels (vgl. Seite 48).

„Da bin ich in ihrer Mitte" von Christian Briem

Dieses sehr umfangreiche Buch (578 Seiten) bietet jedem Leser, der sich eingehend mit dem Thema „Gemeinde" beschäftigen möchte, einen Schatz an Belehrungen zu diesem Themengebiet. Ein detailliertes Stichwort- und Bibelstellenverzeichnis hilft zudem, spezielle Punkte, die von besonderer Bedeutung sind, schnell zu finden. Im ersten Teil geht Christian Briem auf die Versammlung besonders in ihrer lehrmäßigen Darstellung in der Schrift ein. Der zweite Teil widmet sich den praktischen Belehrungen des Neuen Testaments über das Zusammenkommen der Gläubigen. Ich halte dieses Buch für außerordentlich nützlich für jeden, der sich Zeit nehmen möchte, anhand des Wortes Gottes das Thema „Versammlung" zu studieren.

„Die Versammlung des lebendigen Gottes" von Raymond K. Campbell

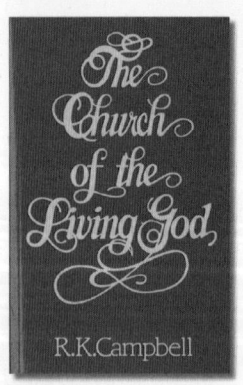

Inzwischen liegt die deutsche Übersetzung dieses englischen „Standardwerkes" vor. Das Buch umfasst 384 Seiten und behandelt das Thema Gemeinde auf sehr gut verständliche Weise. Raymond K. Campbell, der Anfang der 1990er Jahre heimging, geht in fünf Kapiteln auf die verschiedenen Aspekte des Themas Gemeinde und Zusammenkommen als Gemeinde ein. Auch die Zeit des Verfalls in der Gemeinde wird angesprochen. Dieses Werk ist seit vielen Jahren ein Standardwerk für Gläubige, welche die biblische Lehre über die Gemeinde besser kennenlernen wollen. Es ist zum Verständnis dessen, was Versammlung Gottes nach Gottes Gedanken ist, sehr hilfreich.

Empfehlenswerte Internetseiten
www.bibelkommentare.de;
www.bibelstudium.de

Auf diesen beiden Seiten im Internet gibt es viele Bibelkommentare zu einzelnen Bibelbüchern. Wer sich das Thema „Gemeinde" genauer ansehen möchte, mag zum Beispiel zu Erklärungen über den 1. Korintherbrief oder den Epheserbrief greifen. Darüber hinaus gibt es auf beiden Seiten auch einige kürzere Artikel zu diesem Thema. Neben dieser Seite gibt es in englischer Sprache vergleichbar www.biblecentre.org bzw. in französischer Sprache www.bibliquest.org. Alle drei Seiten halte ich für sehr nützlich, um das Thema „Versammlung Gottes" besser zu erfassen. Eine gute Suchmaschine hilft im Übrigen, über verschiedene empfehlenswerte Internetseiten Hinweise zu diesem Thema zu finden.

www.bibelpraxis.de

Diese Internetseite enthält viele Artikel zu verschiedenen Themenbereichen. Die Verantwortlichen von www.bibelpraxis.de haben das Ziel, die Bibel ganz praktisch auf das Leben der Christen anzuwenden. Auch zum Thema „Gemeinde" gibt es eine große Anzahl von Artikeln.

www.bibelseelsorge.de

Auf dieser Internetseite wird eine Reihe von Seelsorge-Themen behandelt. Dazu gehören auch Nöte in der örtlichen Gemeinde. Falls hier jemand mit Sorgen zu tun hat oder mit bestimmten Punkten Schwierigkeiten hat, gibt es das Angebot, Kontakt mit Gläubigen aufzunehmen, die versuchen, weiterzuhelfen.

Der Herr Jesus segne die Beschäftigung mit diesem wichtigen und wertvollen Thema!

„Christus hat die Versammlung geliebt

und sich selbst

für sie

hingegeben"

(Epheser 5,25).